AF593089

NOUVEAU
PRÉCIS ÉLÉMENTAIRE
D'INSTRUCTION RELIGIEUSE ET MORALE,

A L'USAGE

DE LA JEUNESSE FRANÇAISE ISRAÉLITE.

Tout exemplaire qui ne portera pas cette signature sera réputé contrefait et poursuivi comme tel.

Michel Bèze

NANCY, IMPRIMERIE DE PAULLET.

NOUVEAU PRÉCIS ÉLÉMENTAIRE D'INSTRUCTION RELIGIEUSE ET MORALE,

A L'USAGE

DE LA JEUNESSE FRANÇAISE ISRAÉLITE,

AVEC UN COURT SOMMAIRE DE L'ÉCRITURE-SAINTE ;

SUIVI DE QUELQUES HISTOIRES MORALES TIRÉES DE LA BIBLE ET DES TRADITIONS ;

OUVRAGE D'ENSEIGNEMENT ET DE LECTURE.

Première livraison de la seconde édition revue, augmentée et améliorée de l'Abrégé de la Bible et choix de morceaux de piété et de morale à l'usage des Israélites de France ; ouvrage adopté dans leurs écoles à Paris, Bordeaux, Metz, Nancy, Strasbourg ; avec une préface nouvelle ou discours préliminaire, quelques textes hébreux et une gravure ;

PAR MICHEL BERR,

De la Société royale des Antiquaires de France ; de la Société philotechnique et de l'Athénée des arts de Paris ; des Sociétés royales académiques de Nancy, Metz, Strasbourg, Gœttingen ; de la Société d'émulation de Cambrai ; des Sociétés académiques et littéraires de Caen, Nantes, Niort, Poitiers, Amiens, Nîmes, Mayence ; l'un des Collaborateurs de l'Encyclopédie des gens du monde ; ancien Professeur à l'Athénée royal de Paris ; Député à l'assemblée israélite et Secrétaire rédacteur du grand Sanhédrin, convoqués pour la France et l'Italie en 1807 ; Candidat présenté pour le Consistoire central de Paris par plusieurs colléges de notables israélites.

A NANCY,

CHEZ A. PAULLET, IMPRIMEUR-LIBRAIRE-ÉDITEUR,

PASSAGE DU CASINO.

1839.

AVANT-PROPOS.

Le travail que je publie aujourd'hui, pour servir de modèle d'instruction religieuse dans les écoles et en général pour la jeunesse israélite, n'était pas annoncé dans le premier prospectus publié, il y a quelques temps, pour la seconde édition (considérablement augmentée) de mon *Abrégé de la Bible et choix de morceaux de piété et de morale à l'usage des Israélites de France*, et dont la première édition a été adoptée dans nos écoles. Cette annonce a été ajoutée au dernier prospectus depuis publié de ce nouvel ouvrage; elle l'a été d'après les vœux qui, de toutes parts, m'en ont été exprimés avec la plus grande force par la plus grande partie de ce qu'il y a de plus honorable et de plus distingué parmi mes co-religionnaires français, chefs et mères de famille, directeurs et directrices d'établissements d'éducation, hommes instruits et pénétrés de l'importance de la morale et de l'instruction religieuse. Je me suis rendu à ces vœux unanimes en commençant par ce travail la composition et la publication de ce nouvel ouvrage. De graves et de respectables motifs me défendent en ce moment d'entrer dans aucun détail sur les causes qui ont rendu ces vœux si ardents et si unanimes, et cette publication préalable, si importante et si nécessaire; sur les vues et sur les intentions dans lesquelles je l'ai composée; les persuasions, les recherches, les éléments, les secours et les conseils avec lesquels il a été conçu et achevé; enfin, sur des résultats plus ou moins éloignés ou prochains qu'on a lieu d'en attendre et d'en espérer.

Je ne dirai pas un seul mot non plus des différents ouvrages publiés jusqu'ici pour la première éducation israélite en France et en Allemagne; tous ont passé sous mes yeux, quelques-uns m'ont été utiles.

Ces graves considérations trouveront leur place dans la suite de l'ouvrage dont les autres parties seront les conséquences et explications nécessaires de ce travail, qui devait les précéder; et elles paraîtront modifiées selon les circonstances publiques et privées au milieu desquelles je les publierai.

Je n'ai d'ailleurs rien du tout à ajouter à tout ce que contiennent de juste et de vrai, quant au fond, mais beaucoup trop flatteur et bienveillant pour la forme, les lettres d'approbation dont ce premier travail est accompagné, qui en sont la justification la plus complète et l'apologie la plus convenable. C'est à elles de convaincre si, réunies aux autres éclatants témoignages d'intérêt et de sympathie dont mon nouvel ouvrage et mes anciens et constants efforts pour la cause et l'avenir de mes co-religionnaires, dans nos contrées et dans la capitale, ont été récemment l'objet; si, dis-je, ils ont véritablement mérité et obtenu des suffrages sympathiques de reconnaissance de ceux au bien-être desquels ils ont été consacrés. Je n'ai rien du tout à ajouter à de pareils assentiments, si ce n'est qu'ils seraient pour moi, aux plus injustes et cruelles douleurs, la plus juste et la plus douce consolation, si plusieurs d'entr'elles n'étaient entièrement irréparables.

Le travail préalable que je publie aujourd'hui est, j'ose le croire et le dire, le premier pas important qui, depuis la grande mesure libérale qui a élevé un culte antique à la hauteur des cultes fondus dans la civilisation moderne, a été fait pour élever ce culte même à la hauteur de sa destination nouvelle et des progrès immenses, rapides, admirables de ses nouvelles générations. Toutes sont dévorées du désir de sortir d'une situation qui, si elle se prolongeait davantage, les laisserait au milieu de tous les bienfaits de la justice et de l'égalité sociale, sans aucune des craintes ni des espérances qui ennoblissent l'homme et tranquillisent la société; dans une situation privée de toute influence consolatrice ou réprimante au milieu de toutes les tentations entraînantes et dangereuses, et sans aucun exemple dans les phases si variées de l'histoire de l'humanité; toutes ces nobles générations nouvelles, ennoblies par la justice et la liberté, sont dévorées du désir de réunir ensemble les liens de la foi et de la sociabilité, et de joindre les souvenirs et les devoirs d'un passé digne de respect aux perspectives et aux nécessités d'un brillant et sûr avenir.

Dans cet ouvrage comme dans toutes celles de mes autres productions dignes de quelque attention et de quelques suffrages, mon but a été de prouver que c'est en fondant dans leurs tendances nouvelles d'universalité, nos traditions religieuses modernes essentiellement morales et spiritualistes, avec notre loi fondamentale, première civilisatrice du genre humain, que nous pouvons rendre cette croyance antique de nos pères capable aussi de devenir celle de nos descendants. Ce que j'ai souvent cherché avec quelque succès à prouver par les armes de l'histoire et de la philosophie, je l'applique aujourd'hui dans un ouvrage de foi, d'enseignement et de morale; heureux d'employer ainsi le fruit de mes études à une cause intéressante pour l'humanité, et de pouvoir à la fois, dans une double tendance, en faire hommage à deux classes de l'illustre Institut de France, qui m'ont honoré et mes anciennes et faibles productions, des témoignages de leur intérêt; à celle qui s'occupe d'histoire et d'érudition (1), à celle qui a pour objet les travaux de la morale et de la philosophie.

(1) Il ne m'est pas permis de ne pas payer ici un respec-

Je ne réclame pas, pour le travail que je publie aujourd'hui, l'intérêt et l'appui de la jeunesse israélite, de ses amis, de ses maîtres et de ses protecteurs; ils me sont entièrement assurés; et j'espère aussi, avec la plus ferme confiance, pour le succès de cet ouvrage, dans la protection et la bienveillance, les lumières et la philanthropie d'un gouvernement à qui chaque jour de son existence doit donner une plus forte conviction de l'intimité des liens qui unissent ensemble l'ordre, le progrès, la croyance et la liberté; et j'espère aussi, dans l'intérêt et l'appui de tous les amis des lumières, de la morale, de la civilisation, de l'humanité. Aux jours lointains et si changés de mon heureuse jeunesse, secrétaire de l'assemblée (Sanhédrin, 1807) qui fit connaître, pour la première fois, les vrais principes de la croyance juive, je ne puis mieux marquer le terme auquel j'espère bientôt être arrivé de la fatigante carrière à laquelle je suis condamné, qu'en développant, pour la première fois, les fruits salutaires du sein de ces germes féconds où ils sont déposés, pour les produire au grand jour d'une lumière éclatante et durable; et en publiant un ouvrage où, pour la première fois aussi, l'histoire et la doctrine de la croyance juive sont retracées d'une manière complète et sans aucune interruption, depuis leur origine, celle du monde, jusqu'à leur époque actuelle, commencée et bientôt générale, de justice, d'union, de lumière et d'universalité (1).

---

tueux tribut d'admiration et de regret à l'illustre et vertueux orientaliste, dans lequel cette classe a faite une perte si longtemps impossible à réparer, et qui a été si dignement loué par un des plus anciens et illustres ornements de l'une et l'autre de ces deux classes de l'Institut.

(1) La plupart des hommes distingués et estimables qui ont honoré cet ouvrage de leur approbation, après l'avoir examiné avec toute leur attention et leur conscience, particulièrement

le sage, profond et vertueux M. Lambert, Grand-Rabbin à Metz, et ancien directeur de l'école rabbinique de cette ville; et depuis l'estimable et modeste M. J. Anspack (Membre du comité communal des écoles israélites de Metz), auteur d'une traduction complète et élégante du Rituel des prières juives, dont j'ai depuis jugé et juge encore convenable de donner un choix modifié, m'ont fait faire dans mon travail diverses modifications sages et utiles dans les formes et les expressions, dans les détails historiques et les divisions intérieures de l'ouvrage, mais pas du tout quant aux doctrines, aux principes et au plan, sur lesquels il a toujours régné entre ceux qui ont examiné cet ouvrage et moi, un accord constant et unanime : pour cet utile perfectionnement j'aime à leur payer le tribut de ma juste et profonde reconnaissance.

Si le temps eût pu le permettre, si les plus impérieuses circonstances ne rendaient tout-à-fait inajournable la plus prompte publication possible de ce travail, je l'aurais soumis avec confiance à tous ceux de nos Rabbins actuels de France, déjà à la hauteur de notre époque et des devoirs qu'elle impose : mon compatriote, M. le Grand-Rabbin du Consistoire de Paris, dont le mérite et la vertu sont si généralement appréciés, et dont les sympathies seront si vivement secondées par celles du digne président de ce Consistoire, M. le docteur Cahen, homme dans lequel une science profonde est toujours au service de la plus active philanthropie; M. le Grand-Rabbin de Bordeaux, dans lequel je suis fier et heureux de voir un parent et un ami; celui de Marseille; celui de Strasbourg, qui par le bien immense qu'il a fait à notre cause, dans une contrée où elle est si importante, a mérité l'estime de l'écrivain et du philosophe, du philanthrope religieux et distingué qui administre l'académie de Strasbourg, et qui a tant mérité la reconnaissance des amis de la morale et de la jeunesse; de MM. les Sous-Rabbins de Phalsbourg, de Lauterbourg et d'Epinal, dignes émules de celui de Lunéville, dont l'assentiment est parmi ceux qui recommandent cet ouvrage : dès qu'il aura paru, je leur en ferai hommage; et si, après le perfectionnement qu'il a reçu, il peut encore être de leur part l'objet de quelques observations, je pourrai me faire encore plus tard un plaisir de les accueillir avec reconnaissance. A Dieu ne plaise que je veuille supposer que le Gouvernement si éclairé sous lequel nous vivons; que les illustres et respectables hommes d'état, chargés par le monarque à qui la France a confié ses destinées, d'en diriger le cours; leur digne chef, le président du Conseil, le digne chef de la Justice, directeur des cultes, l'orateur et l'écrivain éminent, ornement des lettres avant d'en être le protecteur, et le Conseil royal de l'instruction publique, composé de nos plus grandes illustrations dans les sciences, les lettres, la morale et la philosophie; que ces hommes si distingués, tous si bien en état de juger eux-mêmes mon ouvrage, veuillent encore, plus que l'assentiment des hommes estimables et éclairés dont j'ai obtenu ou dont je désire le suffrage, desquels il peut espérer l'accomplissement d'une tâche qui sera pour lui une gloire nouvelle, puisqu'elle sera une nouvelle œuvre civilisatrice qui doit consolider dans notre patrie la noble alliance du pouvoir, de la liberté, des lumières et de la foi. Si, comme je le désire beaucoup et puis l'espérer, à ces imposants suffrages vient se joindre aussi celui du Consistoire central, où m'ont porté avec tant de force les suffrages de l'élite de mes co-religionnaires français, de ses membres laïques, parmi lesquels il y a plus d'un homme distingué et peut-être plus d'un de mes amis, et de son Grand-Rabbin, M. Emmanuel Deutz, je regarderai cette importante approbation comme un gage précieux d'union et d'efficacité pour le bien et l'utilité publique. C'est à l'autorité supérieure à décider de ce qui est indispensable pour le plus indispensable des résultats.

Nota. Je n'ai rien du tout à changer dans ce que je viens de dire des derniers dépositaires du pouvoir public. Je n'aurai rien à y changer non plus pour l'appliquer à ceux qui vont leur succéder et qui auront à remplir, à leur tour, la tâche que se sont passée les uns aux autres ceux qui, depuis notre dernière Révolution nationale, se sont succédé dans ce pouvoir : l'union de l'ordre et de la liberté. Leurs noms ne sont pas encore connus; tous les hommes d'état désignés déjà pour cette noble mission, quels que soient ceux sur lesquels s'arrêtera le choix du monarque, pénétrés de l'importance de cette union, en état de la hâter par leurs talents et leur caractère, seront pénétrés aussi de l'importance de cet ouvrage, pour l'avenir d'une classe intéressante de l'humanité, et par là de ses titres à la sympathie de tous les vrais amis de l'humanité entière, comme à l'attention et à la bienveillance d'un gouvernement qui s'est consacré à la servir.

EXTRAITS DE DIVERSES LETTRES A L'AUTEUR.

M. Max-Théodore Cerf-Berr, officier supérieur d'artillerie, attaché au ministère de la Guerre, membre du Consistoire central israélite (1).

Je réponds à la hâte, parce que je suis écrasé de travail au moment de mon départ, à ta lettre d'avant-hier, pour te dire que je souscris avec grand plaisir pour deux exemplaires de ton Abrégé de la Bible.

C'est moi qui te remercie d'avoir pensé à me faire profiter du fruit de tes travaux; et personne plus que moi, qui n'ai pas oublié les bons rapports qui ont toujours existé entre nous, ne se réjouit de voir un co-religionnaire aussi distingué que toi continuer des travaux qui, certainement, finiront par recevoir leur juste récompense.

M. Adolphe Franck, professeur de philosophie au Collège royal de Nancy et membre de la Société académique de cette ville.

J'ai lu avec un charme infini votre beau discours sur notre jour des expiations (2); j'y ai trouvé, sous une forme élégante, la pensée qui fait l'histoire de votre vie, et dans laquelle vous avez trouvé à la fois votre réputation et les nombreuses contrariétés que vous avez éprouvées. N'en doutez pas, celles-ci disparaîtront, et la première vous restera toujours. Quand le talent se fait le champion d'une belle cause, il a l'avenir pour lui.

M. Lambert, directeur de l'École rabbinique à Metz.

J'ai l'honneur de vous transmettre ci-inclus une souscription pour l'excellent Abrégé de la Bible dont vous annoncez la seconde édition; c'est le moins que je puisse faire pour reconnaître les nombreux et utiles travaux auxquels vous vous êtes livré en faveur de nos co-religionnaires... Continuez, Monsieur, à défendre la religion et les bonnes mœurs contre

---

(1) Cet honorable membre du Consistoire central est, ainsi que ses dignes frères, distingués dans la diplomatie et l'état militaire, parmi les souscripteurs de cet ouvrage, avec la plus grande partie des Israélites les plus éclairés de la France, dans les sciences, les lettres et les arts, la religion et l'enseignement, l'état militaire, les emplois publics, l'industrie et le commerce.

(2) Ce discours paraîtra dans la livraison suivante de cet ouvrage. Le flatteur suffrage de mon honorable ami et collègue, M. le professeur Franck, maintenant professeur de philosophie au collége royal de Versailles, m'a été confirmé par la vive impression que ce discours a produit dans nos familles morales et cultivées à Paris et dans nos contrées, et sur les élèves de l'école centrale rabbinique de Metz, qui, cette année, pour le jour même auquel il est destiné, l'ont entendu avec les plus vifs témoignages de leur émotion et de leur sympatie. Tous aussi m'ont exprimé très-vivement le prix qu'ils attachent à voir enfin les vrais principes du culte israélite formulés d'après l'esprit dans lequel ils auront bientôt à l'apprendre et à le prêcher, avec des formes et devant un public bientôt, il faut l'espérer, en rapport avec cet esprit.

les attaques insensées de quelques hommes qui veulent remplacer la réalité par la chimère et l'existence par le néant. Apprenez-leur à penser noblement, à parler vérité et à agir avec sincérité, et tous les gens de bien continueront à vous applaudir.

Le même, Grand-Rabbin du Consistoire de Metz (1).

Je viens vous exprimer ma reconnaissance de la communication que vous avez bien voulu me faire d'un nouveau Catéchisme à mettre entre les mains des jeunes Israélites. C'est un nouveau titre à ajouter à ceux que vous avez déjà à la gratitude de nos co-religionnaires. A en juger d'après le sommaire de votre nouvel ouvrage, il est infiniment plus complet que tous ceux de ce genre qui sont venus à ma connaissance. Un tel ouvrage mérite un encouragement particulier ; car, quoique je n'en connaisse que les titres des différents chapitres qu'il doit contenir, votre grande érudition, votre expérience et votre religiosité connues ne laissent aucun doute que vous ne remplissiez votre programme de la manière la plus satisfaisante.

M. Weill, ancien élève de l'école rabbinique à Metz, et Directeur de l'école élémentaire israélite de Nancy (2).

Vous permettez à un de vos jeunes amis de vous exprimer toute la satisfaction qu'il a éprouvée à la lecture de votre nouveau précis d'instruction morale et religieuse; grâce à votre zèle et à vos efforts infatigables dans la carrière du bien, les écoles israélites vont acquérir enfin ce livre qui leur manquait encore et dont chaque jour le besoin se fait sentir de plus en plus. Je ne prendrai pas ~~à tache d'en énumérer toutes~~ les qualités, d'exposer tous les titres qu'il vous donne à la reconnaissance de nos co-religionnaires présents et à venir, tâche au-dessus de mes faibles moyens ; je dirai seulement que tous les vrais Israélites y reconnaîtront la religion dans toute sa grandeur et sa pureté, assise sur la base inébranlable de l'amour de Dieu et de la souveraineté de la loi morale. On

---

(1) Depuis que cette lettre est écrite, M. le grand-rabbin Lambert a pris une connaissance attentive de l'ouvrage tout entier; il en a fait le sujet de plusieurs sages observations qui ont été sous les yeux de l'auteur, sont restées entre ses mains et ont été accueillies par lui. Dans son état actuel il l'a honoré de son approbation la plus complète. Tout récemment encore, dans une lettre adressée au secrétaire du comité communal des Ecoles israélites de Metz, et qui est dans les mains de l'auteur, il a demandé que cet ouvrage soit le plus tôt possible introduit comme livre d'enseignement du second âge et de lecture pour le premier.

(2) Je me livrerai plus tard à d'importantes considérations sur le plan, l'organisation et l'enseignement religieux actuels de cette école, fondée par le gouvernement dans une intention si libérale et progressive. Le choix d'excellents maitres pour les différentes parties de sciences et de lettres dans cette école ; le mérite de l'homme distingué chargé d'abord de sa direction, et depuis de son digne successeur, les rares facultés de plusieurs des élèves lui donnent déjà une très-haute importance pour l'avenir du culte israélite. Personne ne pourra plus y contribuer que l'auteur de cette lettre trop bienveillante mais si remarquable.

retrouve dans cet ouvrage les principes que vous avez professés toute votre vie et que vous avez développés avec tant de talent, dans vos nombreux et utiles ouvrages, pour le bien de vos frères. Nous espérons aussi que ce ne sera pas la dernière pierre que vous apporterez au grand édifice de l'avenir; vous continuerez l'œuvre de régénération que les plus grands malheurs n'ont pas pu vous faire interrompre, et vous remplirez l'attente de tous les hommes de bien, qui continueront à vous applaudir et à vous honorer de leurs suffrages unanimes.

M. Gerson Lévy, gérant de l'Indépendant de la Moselle, membre de l'Académie royale de Metz, notable et secrétaire du Comité communal des écoles israélites de cette ville (1).

Je ne doute pas de l'empressement du Comité à adopter un ouvrage dont le besoin se fait si impérieusement sentir. Le but important de votre travail et le bien immense qu'on a lieu d'en attendre sont un sûr garant de succès; les lettres si flatteuses que vous ont adressées à ce sujet nos co-religionnaires les plus éclairés de Metz et de Nancy, particulièrement M. Lambert, grand-rabbin et son disciple, actuellement directeur de l'école israélite de votre ville natale; votre réputation plus qu'européenne, votre haute instruction, vos lumières et vos talents si généralement connus, si justement appréciés, me dispensent d'ajouter mon faible suffrage à des suffrages si honorables et si compétents.

J'ajouterai cependant que vous avez eu la bonté de me lire votre livre tout entier et que j'en ai écouté la lecture avec autant d'intérêt que d'attention : le plan en est vaste; il eût été difficile de mieux le remplir : à la fois plein de respect pour

---

(1) Cette commission, composée tout entière d'hommes honorables et éclairés, présidée par le digne maire de la ville de Metz, homme trop religieux et distingué pour ne pas s'intéresser vivement aux progrès religieux de toutes les classes de l'humanité, et dont M. le grand-rabbin Lambert fait également partie, fera connaître sans doute si, collectivement, elle partage ou non l'opinion exprimée par lui et par le digne secrétaire de cette commission, l'un de mes collègues les plus distingués de l'Académie royale de Metz.

Je ne dois pas dissimuler que quelques-uns de mes co-religionnaires, en très-petit nombre, et plus ou moins influents, dont je ne veux apprécier ici ni l'instruction ni les persuations religieuses, ni les manifestations anciennes ou récentes, auraient voulu me faire admettre ce qu'ils appellent des suppressions, tenant à nos prescriptions et à nos défenses traditionnaires, comme le nombre des jours de fêtes, les abstinences et autres. Je m'y suis constamment refusé et le ferai toujours, d'accord avec ceux des nouveaux docteurs de notre loi que j'ai pu consulter, et bien sûr d'être entièrement approuvé par tous les autres. Les tendances et les interprétations morales et universelles propres à rendre notre culte antique conforme à nos devoirs nouveaux, dans ses expressions et ses solennités, c'est là ce que doit être aujourd'hui le seul but de nos efforts, et je ne suis pas sous ce rapport resté en arrière. Les commandements du Décalogue sont, il est vrai, et je l'ai dit, les bases sacrées et inviolables de notre croyance; mais la sainteté et la vérité des traditions ainsi interprétées de cette croyance, sont, tout homme un peu instruit en est convaincu, et cet ouvrage même en est une nouvelle preuve, inséparables aujourd'hui de son complément, de son ensemble et de son avenir.

les scrupules du présent et conforme aux nécessités de l'avenir, il est également orthodoxe et progressif. Appuyé sur le texte des écritures et de nos traditions, il retrace, d'une manière plus complète que ne l'a encore fait en France aucun livre de ce genre, l'histoire, les principes, la morale et le culte de notre croyance, tous nos devoirs dans ce monde envers nos semblables et la société entière, toutes nos espérances pour un monde plus pur et plus heureux. Cette publication importante fera assurément l'effet le plus salutaire pour nos futures générations israélites; elle mettra le comble à vos titres si imposants et si anciens, et vous donnera de nouveaux droits à la reconnaissance de nos co-religionnaires et, en général, de tous les amis du bien et du progrès.........................

La Commission administrative des écoles israélites de Nancy.

Nous avons lu, avec le plus vif intérêt et avec toute l'attention dont il est digne, votre manuscrit intitulé : *Nouveau précis élémentaire d'instruction religieuse et morale à l'usage des jeunes Français israélites.*

Nous y avons trouvé un résumé fidèle de tous nos livres saints, de nos traditions et de notre histoire religieuse. Vous avez eu l'art d'exprimer, sous une forme persuasive, les sentiments les plus en harmonie avec notre position sociale et les croyances que nous tenons de nos pères.

Un livre de ce genre était désiré depuis longtemps par les amis de la jeunesse israélite de France, et par tous ceux qui s'intéressent à notre avenir intellectuel et moral. C'est à vous, Monsieur, qu'il appartenait de réaliser ce vœu, de combler cette lacune qui n'était pas sans danger; vous l'avez fait d'une manière digne de vous et de votre réputation. Nous regardons comme un devoir de vous en témoigner notre vive reconnaissance.

Vos nobles efforts ne peuvent manquer d'être couronnés d'un brillant succès. Nous ne doutons pas que l'autorité religieuse et civile n'accueille votre ouvrage avec toute la distinction qui lui est due. Aussitôt qu'elle aura prononcé, nous nous empresserons de l'introduire dans l'établissement confié à notre surveillance et de le répandre autant que notre faible crédit nous le permettra.

Agréez, etc.

Signé, Cahen dit Lajeunesse, membre laïque du Consistoire israélite de Nancy; Adolphe Franck, membre de la Société académique de Nancy et professeur de philosophie au Collége royal de cette ville; Goudchaux Picard, fils aîné, manufacturier; Salomon Levillier, négociant; Alexandre, agent d'affaires.

M. Clotz, rabbin à Lunéville (1).

Vous ne pouvez ignorer, Monsieur, avec quel vif intérêt j'ai lu votre programme et la plus grande partie de votre catéchisme, destiné à nos nouvelles générations.

L'homme éclairé a depuis longtemps désiré voir un tel livre dans les mains de nos jeunes israélites; mais c'est surtout à notre époque qu'il pourrait porter des fruits précieux..... Aujourd'hui donc, Monsieur, que votre catéchisme a déjà obtenu de si éclatants témoignages mérités à si juste titre tant par vos antécédents que par son contenu même, j'ose non pas ajouter mon approbation, dont il ne peut avoir besoin, mais vous prier, dans l'intérêt commun à tous les hommes de bien, de vous rendre dans notre ville, pour le bien-être moral et intellectuel de ma communauté, afin que nos hommes éclairés se persuadent que notre cause sainte, défendue par votre haut talent et vos grandes lumières, finira par se montrer respectable à tous les honnêtes gens, etc.

M. Bloch, professeur à l'école israélite élémentaire à Metz (2).

Je me fais un devoir et un plaisir de vous exprimer ma vive reconnaissance de la bonté que vous avez bien voulu avoir, de me donner lecture de votre nouveau catéchisme des écoles israélites. Ce livre me paraît à tous égards pouvoir être très-utile aux enfants du second âge de ces écoles.

Les principes moraux et religieux qu'il renferme, inculqués de bonne heure à notre jeunesse israélite, ne sauraient manquer de faire fructifier dans son cœur les sentiments qui caractérisent les bons fils et qui forment plus tard les bons pères de famille, attachés à leurs devoirs et dévoués à leur culte et à leur pays. Je ne doute donc pas, Monsieur, qu'en soumettant votre ouvrage à l'examen de nos Rabbins, il ne reçoive leur approbation et que l'adoption n'en soit recommandée par eux pour nos écoles, etc.

M. Veiland, Inspecteur de l'Instruction élémentaire de la Moselle.

Monsieur, j'ai lu avec beaucoup d'attention et d'intérêt votre nouveau précis élémentaire d'Instruction morale et religieuse, à l'usage de la jeunesse israélite.

Cet ouvrage, qui a une destination si importante pour la régénération de la plus ancienne et de la plus célèbre des nations

(1) Ce jeune Rabbin a été aussi reçu et examiné à l'école rabbinique de Metz, après avoir été l'un des élèves les plus distingués d'une université d'Allemagne. Il vient de justifier ces diverses études par un discours plein d'éloquence religieuse, sur la tombe d'une israélite de Lunéville, enlevée dans la force de l'âge, distinguée par les qualités de l'esprit et du cœur, et d'une piété éclairée.

(2) Ce jeune professeur vient d'obtenir, cette année, dans l'Académie royale de l'université de Metz, l'honorable distinction d'une médaille d'argent.

existantes, m'a paru porter l'empreinte de cet esprit de progrès et d'illumination religieuse qui distingue ce siècle et qui semble être une grâce particulière de Dieu; car Dieu veut le perfectionnement de l'humanité; il veut que son langage soit de plus en plus compris, et que la morale et les croyances des peuples s'épurent d'époque en époque.

Je remarquerai aussi, que c'est en France qu'un ouvrage tel que le vôtre devait paraître pour la première fois; car c'est en France que votre nation, si longtemps persécutée, a été admise pour la première fois aux droits de cité, et par conséquent a été invitée à perfectionner l'instruction et surtout l'éducation de la jeunesse; sous ce double rapport je vous félicite, Monsieur, de vous être rendu l'organe de ce besoin d'amélioration qui s'était fait sentir également dans l'instruction morale et religieuse des Israélites de France, et je félicite votre jeunesse que le livre élémentaire qui devait hâter les progrès de cette amélioration, soit sorti des mains d'un homme éclairé que ses talens et son zèle déja éprouvé pour cette noble cause appelaient depuis longtemps à sa défense et à la gloire de ses succès.

M. Jacquet, Inspecteur des écoles primaire de la Meurthe.

Monsieur, j'ai lu avec un vif intérêt votre nouveau précis sur l'instruction religieuse et morale, pour la jeunesse Israélite. Il m'a toujours semblé qu'un ouvrage de ce genre et comme vous l'avez fait, était de première nécessité dans vos écoles.

Mais il ne m'appartient pas de le juger; vous devez en référer à la décision du Conseil royal, dont l'approbation seule peut le rendre classique.

Vous le présentez d'ailleurs sous des auspices très-favorables, puisqu'il a obtenu l'assentiment de Rabbins éclairés et d'autres Israélites éminents qui honorent leur pays.

M. Piroux, directeur de l'établissement des Sourds et Muets à Nancy, Membre de la Société académique de cette ville.

Monsieur et cher Collègue, comptant au nombre de mes élèves quelques jeunes Israélites, je désirais vivement pouvoir mettre entre leurs mains un traité élémentaire d'instruction religieuse du genre de celui que vous publiez en ce moment, et que vous m'avez fait connaître, en m'en confiant le manuscrit.

Je ne me suis pas borné à lire ce précieux ouvrage; j'ai voulu m'assurer, par le fait même d'un enseignement pratique, du mérite de la forme sous laquelle vous l'avez présenté. Or, de cet essai est résulté pour moi la persuasion que vous avez heureusement atteint votre but, et que l'on ne saurait trop encourager votre pieux dévouement à vos co-religionnaires.

NOUVEAU
PRÉCIS ÉLÉMENTAIRE
D'INSTRUCTION
RELIGIEUSE ET MORALE.
Pour la Jeunesse israélite.

PREMIÈRE PARTIE.

LEÇONS PRÉLIMINAIRES.

PREMIÈRE LEÇON.

Demande. *Qui êtes-vous, mon cher enfant, et quelle est l'intention qui vous amène ici ?*

Réponse. Je suis Israélite et j'ai le désir d'être examiné sur les principes de notre religion.

D. *Que voulez-vous dire par ce mot, notre religion ?*

R. Je veux dire la religion juive, la croyance en Dieu, et l'obéissance à la loi religieuse qu'il a donnée aux Israélites dont nous descendons.

D. *Quelles sont les preuves qui donnent à tous les hommes en général la conviction de l'existence d'un créateur et protecteur de l'Univers, de Dieu et de sa puissance ?*

R. L'ordre, la sagesse, l'intelligence, l'amour et la prévoyance dont nous voyons les traces dans toutes les parties du Monde ; la conviction du genre humain, l'amour du bien, l'horreur du mal, qui sont dans le cœur de tous les hommes.

D. *Qu'est-ce qu'un Israélite ?*

R. C'est celui qui croit à la vérité de la révélation divine faite aux patriarches Abraham, Isaac et Jacob, dont le dernier reçut de Dieu le nom d'Israël ; qui croit aussi dans la vérité et dans la divinité de la loi transmise par Moïse, son prophète, au peuple d'Israël, ainsi que dans la vérité des prédictions de nos premiers et de nos derniers prophètes et des Ecritures sacrées ; dans la sainteté de la tradition et de la morale des sages et des justes qui ont paru parmi les descendants du peuple juif, depuis Moïse jusqu'à la fin de ces traditions.

IIe LEÇON.

D. *Quelle idée attachez-vous au nom de Dieu ?*

R. Dieu est le créateur du ciel, de la terre et de tout ce qu'ils renferment ; il est souverain maître de toutes choses ; il gouverne tout, il a toujours été, il sera toujours ; c'est pourquoi il s'appelle éternel, en hébreux (JEHOVA) mot ineffable, que nous ne devons pas prononcer, et qui se prononce (ADONAÏ), qui veut dire tout-puissant, renfermant les initiales des mots hébreux : il a été, il est, il sera. Dieu est partout, l'Univers est rempli de sa gloire ; il voit, il entend, il connaît tout, il lit au fond de nos cœurs jusqu'à nos pensées les plus secrètes.

D. *Quels sont, avec l'éternité et la puissance, les autres attributs principaux de la Divinité?*

R. L'unité, la sagesse, la justice et la bonté. Il n'y a, il ne peut y avoir qu'un seul Dieu. Dieu est bon pour tous, dit le Psalmiste, et parfait envers toutes ses créatures

D. *A quelle fin Dieu nous a-t-il créés et placés en ce monde?*

R. Pour le connaître, l'adorer et le servir, en remplissant les devoirs prescrits par lui, et pour que notre âme immortelle, après s'être dépouillée de son enveloppe terrestre, jouisse, dans un monde éternel, d'une félicité, ou subisse une condamnation, fruit de notre conduite en ce monde.

D. *En combien de parties se divisent les devoirs religieux que nous avons à remplir?*

R. En deux : les devoirs de l'homme envers son Dieu, et l'observance des commandements qu'il nous a donnés; et les devoirs de l'homme envers son prochain, prescrits aussi par Dieu même, et qui sont une partie essentielle du culte que nous lui devons.

D. *Entre la Divinité et l'homme, ne reconnaissons-nous pas des êtres plus parfaits que les hommes?*

R. Oui, les anges, dont Dieu permit

l'apparition à quelques-uns de nos prophètes et de nos patriarches, et dont la nature nous est inconnue.

DEUXIÈME PARTIE.

DES DEVOIRS DE L'HOMME.

PREMIÈRE LEÇON.

De la Loi de Dieu en général.

D. *Que devons-nous entendre par la loi de Dieu?*

R. Les préceptes et les commandements contenus dans nos livres sacrés.

D. *Quelles sont les bases des lois de Dieu?*

R. L'amour et la crainte de Dieu, et l'amour du prochain.

D. *Qu'est-ce que l'amour et la crainte de Dieu?*

R. C'est le sentiment qui nous porte à aimer Dieu sur toutes choses et la crainte que nous devons avoir de l'offenser et de transgresser ses lois. Nous ne devons pas oublier un seul instant que notre vie et tout ce que nous possédons viennent de lui; et, quoique nous ne devions le servir que pour remplir nos devoirs, nous devons toujours nous rappeler qu'il récompense les justes et punit les impies, soit dans cette vie, soit dans l'avenir.

D. *Qu'entendez-vous par les justes et les impies ?*

R. Les justes sont les hommes vertueux de toutes les nations et de toutes les croyances, qui observent les lois divines et remplissent leurs devoirs envers leur prochain ; les impies sont les hommes qui violent ces lois et ne remplissent pas ces devoirs.

D. *Comment définissez-vous l'amour du prochain ?*

R. Le sentiment qui nous porte à aimer tous les hommes et à leur montrer du dévouement de tout notre pouvoir.

D. *Pourquoi appelez-vous tous les hommes votre prochain ?*

R. Parce que tous également sont nos semblables : comme nous ils sont les créatures de Dieu et issus de nos premiers parents, Adam et Eve. Nous devons leur faire tout le bien que nous voudrions qu'ils nous fissent, car Dieu a dit : Aime ton prochain comme toi-même ; et à ceux même qui nous ont fait du mal, nous devrions encore faire du bien. Nous devons regarder comme des frères tous les hommes indistinctement qui reconnaissent Dieu créateur du ciel et de la terre et qui observent les lois de justice et de vertu qu'il a gravées dans le cœur de tous les mortels.

D. *Comment nos ancêtres ont-ils reçu la loi de Dieu ?*

R. Les descendants d'Abraham, Isaac

et Jacob, se trouvèrent esclaves en Egypte sous un des Pharaon, les Rois de ce pays. Dieu les délivra miraculeusement par le ministère de Moïse, son fidèle serviteur, et leur donna, par l'organe du grand prophète, ses principaux commandements et tous les préceptes dont se compose sa loi divine.

D. *Comment s'appelle cette partie importante de la loi divine que Dieu a donnée sur le mont Sinai, en présence de tous les Israélites, au milieu des foudres et des éclairs ?*

R. On l'appelle Décalogue, ou les dix commandements ou dix paroles.

D. *Récitez-moi les dix commandements avec quelques-unes des paroles dont Dieu les a accompagnés?*

R. Je suis l'Eternel ton Dieu, qui t'ai tiré de l'Egypte, de la maison d'esclavage. Tu n'auras pas d'autre Dieu que moi. Tu n'adoreras pas d'autre Dieu. Tu ne te feras aucune idole, aucune forme pour l'adorer, de rien qui est en haut dans les cieux, ou plus bas sur la terre, ou dans les eaux ou dans le fond de la terre. Tu ne te courberas pas devant ces formes et tu te garderas de les adorer. Je suis l'Eternel ton Dieu, Dieu jaloux qui se ressouvient de la faute des pères à la troisième et à la quatrième génération de leurs enfants, lorsque ceux-ci imitent les mauvaises actions de leurs pères; mais qui répand sa grâce et sa miséricorde jusqu'à la millième génération pour ceux qui ont aimé et observé ses commandements. Tu n'invoqueras et tu ne prononceras pas inutilement le nom de l'Eternel ton Dieu ; il ne laissera pas impuni celui qui le fait. Tu penseras toujours au jour du Sabbat pour le sanctifier. Tu travailleras pendant six jours, en te livrant à tous les ouvrages de mains. Le septième jour est un jour de repos en l'honneur de l'Eternel ton Dieu. Ce jour tu ne feras aucun ouvrage, ni toi ni tes enfants, ni les domestiques, et les étrangers qui sont à ton service, car l'Eternel a créé en six jours les cieux, la terre et tout ce qu'ils renferment. Le septième jour, il a cessé de créer ; c'est pour cela que l'Eternel a béni le jour de Sabbat et l'a sanctifié. Honore ton père et ta mère, afin de prolonger tes jours sur la terre, où il t'a placé. Tu ne commettras pas d'homicide. Tu ne commettras pas d'adultère ni aucune impureté. Tu ne déroberas jamais le bien de ton prochain. Tu ne rendras jamais de faux témoignage contre ton prochain. Tu ne convoiteras jamais rien de ce qui est dans sa possession.

D. *Comment appelons-nous le livre qui contient ces dix principaux commandements de Dieu, dont l'observance fait la base de notre religion et qu'on ne peut transgresser sans l'abjurer ?*

R. Le Pentateuque ou les cinq livres de Moïse ; en hébreux TORA, la loi.

D. *Ces livres renferment-ils encore d'autres préceptes et d'autres commandements ?*

R. Oui. Ils renferment toutes les lois religieuses et morales que Dieu a données à nos ancêtres et que nous devons encore observer, et le culte général et les lois politiques qu'il a donnés au peuple juif, et dont l'application a cessé avec son existence nationale. Ils renferment de plus, avec les lois écrites, l'intention des lois religieuses orales sous-entendues dans cette loi.

D. *Qu'entendez-vous par la loi orale?*

R. La véritable explication de la loi divine, telle que Moïse l'a également reçue de Dieu, mais sans qu'elle soit écrite.

D. *Comment cette loi orale s'est-elle conservée et est-elle parvenue jusqu'à nous?*

R. Moïse, nous disent les Sages, appelés les pères de la Synagogue de notre tradition, que nous appelons les Chakamims, les sages, Moïse reçut la loi sur le mont Sinaï; il la livra à Josué, Josué aux anciens et aux sages, ceux-ci aux prophètes, les prophètes la livrèrent aux hommes de la grande Synagogue. Après les malheurs et les persécutions qu'éprouvèrent nos ancêtres, cette loi orale fut ensuite écrite et s'est perpétuée jusqu'à nos jours.

D. *Dans quelle livre se trouve-t-elle consignée?*

R. Dans ceux que nous ont laissés les hommes instruits et vertueux que nous appelons nos sages, nos Chakamims.

D. Toutes les traditions saintes qui interprètent

pour nous les paroles du livre de Dieu, n'ont-elles pas été réunies par un des sages de la Synagogue?

R. Oui, par Juda, surnommé le Saint, qui vivait dans les temps de la seconde dispersion de nos ancêtres et après la dernière destruction du temple de Jérusalem.

D. *N'est-il pas parlé aussi dans le premier des cinq livres de la loi d'un signe particulier que Dieu a commandé à Abraham, le premier des patriarches, pour lui et ses descendants, et comme marque distinctive pour le peuple d'Israël de l'alliance que Dieu a contractée avec lui?*

R. Oui, Abraham se conforma à cette prescription, Isaac et Jacob, et tous ses descendants aussi, et Moïse, le prophète de Dieu, avant d'aller remplir la mission divine. Et tout Israélite observateur des commandements de sa croyance se conforme à celui-là, pour tout fils nouveau-né, le huitième jour après sa naissance, selon les paroles de l'Ecriture.

D. *Avant de nous parler de l'Écriture-Sainte et de la Tradition, dites-nous quelques mots de l'homme, de Dieu et de sa Providence. Quelles sont les facultés distinctives de l'homme?*

R. La raison, la liberté morale et la conscience.

D. *Quel usage peut-il faire de sa raison?*

R. Il peut s'instruire, penser et réfléchir.

D. *Quel usage peut-il faire de sa liberté morale?*

R. Par elle il peut résister à ses penchants et choisir entre le bien et le mal, selon les paroles de l'Écriture et de nos sages.

D. *Quel usage peut-il faire de sa conscience?*

R. Par elle il peut juger ses propres actions, reconnaître le mal, s'en garder, s'en repentir et réformer sa conduite, reconnaître le bien, et s'encourager à le faire.

D. *Qu'est-ce que l'Ecriture dit de l'homme et de ses facultés?*

R. Que Dieu le créa à son image et qu'il lui donna la supériorité et la domination sur toutes les autres créatures de la terre.

D. *Que devons-nous conclure de la situation de l'homme par rapport à ses facultés?*

R. Que sa vie est trop courte et trop agitée pour qu'il puisse les développer dans ce monde; qu'il doit compter sur une vie future et s'y préparer.

D. *Comment l'homme peut-il se garder du mal ou du péché?*

R. En invoquant l'assistance de Dieu, nous pouvons nous garder du mal et faire journellement de nouveaux progrès dans le bien.

D. *Que devons-nous conclure de cela?*

R. Que l'homme est responsable dumal qu'il fait et du bien qu'il néglige de faire, et qu'il doit attendre ce que nos sages appellent la récompense (SECHAR), la punition (ONECH).

D. *Comment appelle-t-on les soins que Dieu,*

après avoir produit les créatures, continue de leur prodiguer?

R. On les désigne sous le nom de providence.

D. *Quelles sont sur cette terre les principaux objets de ces soins?*

R. Ce sont les hommes, à cause de leur faculté et de l'usage qui sont appelés à en faire.

D. *La Providence dispense-t-elle toujours immédiatement ses châtiments et ses épreuves?*

R. Dieu ayant laissé à l'homme une entière liberté morale, il peut abuser de sa liberté et faire son propre malheur et celui de ses semblables : c'est dans ce sens que l'on peut dire que Dieu laisse faire le mal.

D. *En quel cas les peines qui nous arrivent sont-elles des châtiments?*

R. Lorsque notre conscience nous avertit que notre conduite ne saurait être agréable à Dieu.

D. *En quel cas sont-elles des épreuves?*

R. Lorsque notre conscience ne nous reproche pas, au contraire, de les avoir méritées.

D. *Quelle doit être notre conviction quoi qu'il puisse nous arriver?*

R. Que le mal qui nous frappe, comme le bien qui nous arrive, est sous la direction de Dieu, et qu'il peut, comme le disent nos sages, du mal même faire sortir du bien.

TROISIÈME PARTIE.

DE L'ÉCRITURE SAINTE.

PREMIÈRE LEÇON.

Des cinq Livres de la loi.

D. *Comment nommez-vous la réunion de tous les livres inspirés aux prophètes par l'inspiration divine en y comprenant le premier de tous, le Pentateuques, la Tora ou les cinq livres de Moïse?*

R. La réunion de tous ces livres sacrés s'appelle la bible ou la sainte Ecriture.

D. *A combien de parties principales se divise la sainte Ecriture?*

R. En trois, la loi (TORA), les prophètes (NIVIEM), les écrits sacrés (CESOUVIM).

D. *Quel est le contenu du premier livre de Moïse?*

R. Dans le premier de ces livres l'Ecriture sainte nous raconte la création du ciel, de la terre et tout ce qu'ils renferment, en six jours consécutifs, après lesquels Dieu cessa de créer au septième, qu'il sanctifia, et que nous célébrons comme jour de repos. La création du premier homme Adam, de la première femme Eve, que Dieu créa à son image tous deux et qu'il anima de son souffle divin. La première faute de nos premiers pères, que Dieu plaça dans un lieu de délices (EDEN), dont ils pouvaient goûter tous les fruits, à l'exception de celui de l'arbre qui était au milieu du jardin, et qui donnait le discernement du bien et du mal, du convenant et de l'inconvenant. La désobéissance d'Adam et d'Eve, excités par le serpent, démon ou tentateur (NACHOCH), faute pour laquelle Dieu les expulsa du lieu de délices et les condamna à cultiver la terre et à se nourrir à la sueur de leur front et puis à mourir, à la vie de ce monde; prédictions divines sur Adam et Eve; les suites de leur premier péché sur eux-mêmes et sur tout l'avenir de tout le genre humain; les travaux du fils de l'homme et l'obéissance de sa compagne. L'Ecriture sainte nous raconte après cela qu'Adam et Eve eurent deux fils: Caïn et Abel. Caïn, premier né, occupé à cultiver la terre, dur, méchant et envieux. Abel, pasteur doux, pieux et docile, dont les offrandes étaient plus agréables au Seigneur que celles de son frère aîné. Puis le premier crime dont les hommes se sont rendus coupables. Le meurtre du bon Abel par le méchant Caïn. La malédiction divine sur Caïn, condamné à être errant et vagabond le reste de ses jours sur la terre. La mort d'Adam et d'Eve, et la multiplication de leur race. Puis la corruption général du genre humain. Le déluge, que Dieu résolut pour les châtier. Le choix qu'il fit de Noë, le plus juste, le plus vertueux descendant d'Adam, pour perpétuer la race humaine sur la terre.

L'arche qui reçut Noë, ses enfants et autres créatures vivantes. La terre, submergée par les eaux du déluge. La fin du déluge. La sortie de l'arche de Noë et de tous ceux qu'elle renfermait. Puis la nouvelle multiplication du genre humain. L'idolâtrie couvrant la terre en grande partie. Le projet téméraire des hommes d'élever une tour d'une grande hauteur pour empêcher un nouveau déluge (Tour de Babel); impuissance de ce projet; dispersion des peuples et confusion des langues. La révélation d'un Dieu unique. Abraham, le premier patriarche. La naissance de son fils Isaac que, dans une vieillesse bien avancée, Dieu annonça à Abraham et à Sara sa femme par des anges qu'il leur envoya. La destruction de deux villes, Sodome et Gomorrhe, à cause des crimes auxquels se livraient ses habitants; Loth, parent d'Abraham, et sa famille sont sauvés seuls de cette destruction. La tentation à laquelle Dieu soumit Abraham en lui ordonnant de lui offrir en sacrifice Isaac son fils chéri. Le courage et la soumission avec lesquels il voulait le faire; et Dieu faisant arrêter son bras par un ange qu'il lui envoya, lui conserva son fils et lui promit en récompense de sa pieuse obéissance de bénir ses descendants et répandre un jour par eux sur toute la terre la loi de la vérité. L'Ecriture nous raconte ensuite le mariage du patriarche Isaac avec Rebecca; la mort du premier patriarche dans un âge bien avancé ; la naissance de deux fils d'Isaac et de Rebecca, Esau, et Jacob surnommé Israël ; la vision divine à Jacob, de l'échelle sur laquelle montaient et descendaient les anges qui lui annonçaient la protection divine pour lui et ses descendants; le mariage de Jacob avec les filles de Laban, Léa et Rachel ; les douze fils de Jacob Juda, dont un jour devait sortir la royauté en Israël; et Levy, dont les descendants devaient être consacrés au culte du Seigneur ; les deux fils de Jacob, Joseph et Benjamin, fils de son épouse bien-aimée Rachel; Joseph vendu par ses frères jaloux de la tendresse que lui porta son vieux père, transporté par des marchands Ismaélites en Egypte, élevé par sa sagesse et la protection divine à côté des rois d'Egypte ; le désespoir de Jacob en croyant son fils chéri dévoré par une bête féroce ; les frères de Joseph venus en Egypte pour acheter des vivres à cause d'une famine qui ravageait le pays où ils séjournaient. Joseph reconnaissant ses frères; leur honte et leurs remords. Jacob rappelé avec toute sa famille près de Joseph, son fils chéri, et établi par Pharaon, roi d'Egypte, dans le pays de Gosen. La mort du patriarche Jacob après ses bénédictions à ses douze fils, à Ephraïm et Ménasés, les deux fils de Joseph et à leur race future, et ses prédictions sur l'avenir que Dieu leur réservait : tel est le contenu du premier des cinq livres de Moïse.

D. *Quel est le contenu du second de ces cinq livres?*

R. Le second livre nous raconte le joug qu'un nouveau Pharaon d'Egypte appesantit sur les descendants de Jacob et de ses douze fils; les rudes travaux auxquels ils furent soumis; la condamnation affreuse de leurs nouveaux nés; la naissance de Moïse, sauvé miraculeusement par la fille de Pharaon; l'apparition divine au premier des prophètes dans un buisson ardent; la mission que Moïse reçut de se présenter à Pharaon et de délivrer le peuple d'Israël de l'esclavage où il gémissait; les promesses de Dieu pour lui et son peuple, que Moïse était destiné à délivrer et à conduire dans la Terre promise; l'obstination et l'endurcissement de Pharaon; les dix plaies dont la colère divine accabla l'Egypte; la délivrance miraculeuse du peuple hébreux poursuivi par Pharaon et son armée; le passage miraculeux à travers les flots de la mer rouge; le cantique de Moïse, appelé cantique de la mer; puis le passage du peuple à travers le désert; ses murmures et son ingratitude; la patience et l'humilité de Moïse. Puis le Décalogue ou les dix commandements donnés par Dieu sur le mont Sinaï, au milieu des foudres et des éclairs; la coupable idolâtrie du veau d'or; la grâce du peuple ingrat obtenue par Moïse son prophète; la formation des tables de la loi ou de l'alliance sur lesquelles étaient écrits le Décalogue ou les dix commandements, et de l'Arche sainte, renfermant les tables de la loi; les lois civiles qui devaient régir le peuple d'Israël à son arrivée dans la Palestine; la formation du Tabernacle, où s'exerçaient les cultes divins pendant le trajet du désert: tel est le contenu du second des cinq livres de Moïse.

D. *Quel est le contenu du troisième des cinq livres de Moïse?*

R. Les lois que Dieu a données au peuple d'Israël et qu'il devait observer dans le pays que Dieu lui promettait pour son bien-être; le culte de l'intérieur du temple; les sacrifices, holocaustes et autres offrandes; la tribu de Lévy consacrée tout entière à perpétuité au culte divin; et, dans cette tribu, les descendants d'Aron, frère de Moïse, le premier revêtu du caractère de grand-prêtre, consacré particulièrement à perpétuité aussi au service divin dans le temple du Seigneur; la défense de manger quelques animaux; les lois données par Dieu à son peuple pour la possession et la propriété des terres; les rapports des maîtres avec les esclaves, et autres commandements de charité et de bienfaisance; des promesses de bonheur pour l'observance de ces lois sacrées; des prédictions menaçantes pour leur coupable transgression. C'est dans le troisième livre aussi que se trouvent les commandements relatifs aux fêtes religieuses instituées par la loi divine et que nous avons le devoir d'observer; les trois solennités pour lesquelles le peuple d'Israël venait, trois fois par an, de toutes les parties de la Palestine, apporter au temple des offrandes et des sacrifices; la fête de Pessache, ou Pâque, celle des pains asymes, le quinze du premier mois de l'ancien calendrier des Juifs (NISSON), fête commémorative de la délivrance d'Egypte et du passage de la mer rouge; la fête des Semaines. (SCHVOUOS), sixième jour du troisième mois de (SIVON), commémorative du Décalogue ou des dix commandements donnés sur le mont Sinaï. La fête des Tentes (SOUCOS), le quinzième jour de notre septième mois (TISRI), commémorative du séjour des Israélites dans le désert et de leur habitation sous des tentes; de plus, le premier jour de ce mois (TISRI); le renouvellement de l'année religieuse (ROCH-HACHONA); le jour du jugement et de la réminiscence; la fête des Trompettes (CHOVAR); et le dix du même mois, le jour de pardon et de pénitence.

D. *Et quel-est le contenu du quatrième livre de la loi?*

R. La continuation du passage du peuple d'Israël à travers le désert; ses murmures et ses nouvelles ingratitudes; les nouvelles preuves de l'humilité, de la bonté et de la patience du prophète de Dieu; la révolte de quelques impies et leur châtiment; la prophétie de Balaam, qu'un roi ennemi d'Israël avait fait venir pour maudire Israël et qui ne put que le bénir en annonçant la félicité des justes dans un autre monde et leur récompense; la division du peuple d'Israël en douze tribus descendant de douze fils de Jacob.

D. *Et quel est le contenu du cinquième et du dernier des cinq livres de Moïse?*

R. De nouvelles lois et des commandements pour le temps de guerre et pour la paix dans l'intérieur des villes; pour les juges qui devaient rendre des arrêts de justice; pour le temps de l'existence du peuple d'Israël dans la terre que Dieu lui promettait; les développements de tous les principes sacrés de la morale divine, du bonheur qui allait résulter pour le peuple de Dieu, de l'obéissance de ses lois et les châtiments qu'attireraient sur lui la transgression de ses lois et de leur morale; puis l'approche du moment où Moïse allait quitter son peuple, qu'il ne lui fut pas donné de conduire lui-même dans la Terre-Sainte, où, après sa mort, par l'ordre de Dieu, le devait conduire Josué, l'ami et le confident du prophète; les dernières bénédictions et les dernières exhortations de Moïse à son peuple; sa mort à l'âge de cent vingt ans; douleur et lamentation du peuple de Dieu à la disparition et à la mort de son prophète.

DEUXIÈME LEÇON.

De nos devoirs envers Dieu et envers notre prochain, tels qu'ils résultent des lois données par Moïse, particulièrement les dix commandements, quelques-unes des lois et des prescriptions contenues dans ces livres.

D. *Quel est le premier des dix commandements?*

R. Je suis le Seigneur ton Dieu qui t'ai tiré du pays d'Egypte, de la maison de servitude. Tu n'auras pas d'autre Dieu que moi seul.

D. *Pourquoi Dieu a-t-il donné ce commandement?*

R. Pour que le peuple d'Israël, entouré des peuples idolâtres, n'imite jamais leur exemple, et pour qu'il n'adore jamais que le Dieu unique qui se révélait à lui, créateur du ciel et de la terre.

D. *Quel est le second des dix commandements et pourquoi Dieu l'a-t-il donné?*

R. Tu ne feras pas d'image ni aucune ressemblance des choses qui sont au ciel, sur la terre ou dans les eaux et sous la terre; tu ne te prosterneras pas devant elles et tu ne les serviras pas. Dieu a donné ce commandement au peuple d'Israël également pour le détourner de suivre l'exemple des peuples idolâtres qui l'entouraient et qui rendaient un culte d'adoration à des créatures et à des images dans la nature, et pour qu'il n'adorât jamais que le vrai Dieu créateur de toute chose, éternel, tout esprit et qui ne peut être aperçu par aucun de nos sens.

D. *Quelle interprétation devons-nous donner, d'après nos sages, aux paroles qui accompagnent ce commandement et quelques autres, et d'après lesquelles Dieu se souviendrait à la troisième et à la quatrième génération de leurs enfants, pour ceux qui ont haï et transgressé ses lois, et répand sa grâce et sa bénédiction jusqu'à la millième génération pour ceux qui ont aimé et observé ses commandements ?*

R. Que Dieu se rappellera, selon ces paroles, des vertus et des crimes des ancêtres, pour mieux punir ou récompenser leurs descendants, selon qu'ils auront suivi leurs exemples ou qu'il s'en seront écartés, d'après ces paroles d'Ezéchiel. « Les pères » ne sont pas condamnés pour leurs en- » fants, ni les enfants pour leurs pères ; » chacun sera condamné pour ses pro- » pres fautes. »

D. *Quel est le troisième des dix commandements et pourquoi Dieu l'a-t-il donné ?*

R. Tu n'invoqueras pas en vain le Seigneur ton Dieu, car le Seigneur ne tiendra point pour innocent celui qui invoque son nom en vain ; Par-là Dieu nous défend les faux serments et d'affirmer par son nom sacré aucune imposture, aucun mensonge ni rien de contraire à la vérité.

D. *Quel est le quatrième des dix commandements et pourquoi Dieu l'a-t-il donné ?*

R. Souviens-toi du jour du repos pour le sanctifier. Tu travailleras six jours à toutes les œuvres que tu dois travailler, mais le septième jour est le jour du repos de l'Éternel ton Dieu. Tu ne feras et tu ne laisseras pas faire aucune œuvre pendant ce jour; le Seigneur a béni le jour de repos et nous a ordonné de le sanctifier, parce qu'il a fait en six jours le ciel, la terre, la mer et toutes choses qui sont, et qu'il cessa de créer le septième jour.

D. *Quel est, outre le repos du corps, la manière dont nous devons célébrer la fête du septième jour, le samedi ou jour de repos?*

R. En nous livrant aux jouissances de la famille, en réfléchissant sur les lois que Dieu nous a données et la manière dont nous accomplissons les devoirs qu'il nous a imposés.

D. *Quel est le cinquième des dix commandements et quels sont les devoirs qu'il nous impose?*

R. Honore ton père et ta mère pour que tes jours soient prolongés sur la terre, que le Seigneur te donne et pour ton bonheur. Nos sages, qui nous ont donné la vraie interprétation de la loi divine, nous disent que nous devons honorer père et mère et que nous seront récompensés dans un monde qui ne sera que bonheur et qui durera toujours. Les devoirs qui nous sont prescrits par ces commandements sont le respect, l'amour, l'obéissance, et de leur donner toute l'assistance et tous les secours dont ils peuvent avoir besoin; et le père et la mère doivent, en retour, à leurs enfants, la tendresse, la surveillance et les conseils, l'appui, l'assistance, tant qu'ils leur sont nécessaires.

D. *Quel est le sixième commandement et quelles sont les conséquences que nous en devons tirer ?*

R. Par ce commandement Dieu défend l'homicide : Tu ne turas point. Par ce commandement Dieu nous défend aussi toutes les actions, toutes les paroles, tous les mouvements de cœur contraires à l'amour du prochain et à la justice, comme de frapper son prochain, de l'injurier et de se mettre en colère contre lui.

D. *Quel est le septième commandement et quelles sont les conséquences que nous devons en tirer ?*

R. Tu ne commettras pas d'adultère. Par ce commandement Dieu nous défend non-seulement toute faute contraire à la morale et à la Société, mais tous les autres péchés contraires à la pureté et à la chasteté, aux mœurs et à la vertu.

D. *Quel est le huitième commandement, et quelles sont les conséquences que nous devons en tirer ?*

R. Tu ne déroberas point. Par ce commandement Dieu nous défend de prendre à un autre par force ou par violence, par ruse ou par adresse. La probité la plus sévère et la sainteté la plus complète doivent, d'après ce commandement, régler toutes nos actions envers nos semblables.

D. *Quel est le neuvième commandement et les conséquences que nous devons en tirer ?*

R. Tu ne diras point de faux témoignages contre ton prochain. Par le troisième commandement Dieu nous a défendu d'invoquer son nom en vain, c'est-à-dire de faire de faux serments. Par ce commandement il nous défend aussi le simple mensonge quand il peut être préjudiciable à notre prochain, c'est-à-dire la calomnie, l'un des plus grands péchés que nous pouvons commettre.

D. *Quel est le dixième et le dernier commandement ?*

R. Tu ne convoiteras la maison de ton prochain, ni rien de ce qui lui appartient. Par ce commandement Dieu nous ordonne de nous contenter de ce qu'il nous a donné, du fruit de notre travail et de nos peines; de ne pas désirer ce qui n'est pas à nous ; de bannir l'envie et la jalousie de nos cœurs, et de voir sans peine la prospérité de notre prochain, selon les paroles divines au premier homme : A la sueur de ton front, tu mangeras ton pain.

D. *Vous venez de me faire connaître l'esprit et les conséquences des dix principaux commandements de Dieu, qui sont la base de notre croyance et qu'on ne peut transgresser sans y manquer de la manière la plus coupable, faites-moi connaître aussi quelques-unes des autres lois et prescriptions morales que Dieu a données à nos ancêtres et qui se trouvent répandues dans plusieurs endroits dans les cinq livres de la loi?*

R. Écoute Israël, dit le Seigneur dans le cinquième livre (Chapitre 6), l'Éternel, ton Dieu, est un être unique. Tu ne te présenteras point l'être éternel sous aucune forme, sous aucune image corporelle (Livre 2, chapitre 10). Dans le cinquième chapitre, livre 10, nous lisons: et maintenant, Israël, que Dieu te demande-t-il que de le servir de toute ton âme, de tout ton cœur, de marcher selon toutes les lois et les commandements qu'il te donne aujourd'hui, et de leur être fidèle pour ton bonheur éternel. Ton Dieu est le Dieu de tous les dieux, le maître de tous les maîtres; ses jugements sont toujours ceux de la justice et de la vérité; il défend toujours le droit de la veuve et de l'orphelin; il aime l'étranger et ne l'abandonne jamais. Dans le même livre nous lisons encore: tu marcheras dans la voie du Seigneur et tu chercheras à être comme lui autant que tu le pourras, c'est-à-dire juste, bon et compatissant. Aime ton prochain comme toi-même. Dans le même livre: aime aussi l'étranger comme toi-même. Dans d'autres passages du livre de la loi nous lisons encore: soyez saints, car Dieu est saint; que chacun de vous ait le respect le plus profond pour son père et sa mère, et qu'il observe le jour du repos. Devant une tête grise, tu te levrera toujours avec respect. Cherche toujours la justice : c'est par elle que tu trouveras le bonheur. Garde-toi de maudire un sourd et de mettre une entrave dans le chemin d'un aveugle. Garde-toi d'opprimer la veuve et l'orphelin, le Seigneur toujours les défend et les protège. Quand ton frère à côté de toi tombera dans la pauvreté, tu dois venir à son secours ; que ce soit un étranger ou un passager, tu dois le soutenir également ; tu ne dois prendre, pour l'aider, ni gain illégal ni intérêt usuraire ; et beaucoup d'autres maximes pareilles de justice et de loyauté.

D. *Comment les sages de la Synagogue ont-ils surnommé les principales actions par lesquelles nous pouvons accomplir ces devoirs de charité et de bienfaisance, qui nous sont prescrits par les lois divines envers nos semblables ?*

R. Les œuvres de miséricorde, qui sont : fréquenter les maisons de piété, exercer l'hospitalité, visiter les malades, favoriser de vertueuses unions conjugales, rendre les derniers devoirs aux morts, et porter la consolation dans le cœur des affligés. Nos sages ajoutent que l'étude de la loi égale toutes ces œuvres, parce qu'elle les renferme et les recommande toutes également. Nous en recueillons le fruit dans ce monde et les jouissances de ce fruit subsistent dans un monde futur (1).

D. *En remplissant ces devoirs, dont l'accom-*

plissement est agréable à la Divinité, devons-nous avoir pour but d'obtenir ces récompenses dans ce monde ou dans un autre ?

R. Nous devons nous en garder, car les sages de la Synagogue nous disent: ne soyez pas comme des serviteurs qui servent leur maître pour recevoir des salaires; mais comme des serviteurs qui servent leur maître sans en vouloir aucune récompense, et que la crainte du Ciel soit seule toujours avec vous.

IIIe LEÇON.

Des premiers et derniers Prophètes.

D. *Dites-moi maintenant de quels écrits se composent les autres livres sacrés; quels sont les livres qu'on appelle les premiers prophètes ?*

R. Le premier est Josué. Ce livre nous raconte la conquête de la Palestine par le peuple de Dieu, conduit par Josué, qui fut l'ami de Moïse le premier de nos prophètes; le passage du Jourdain et autres miracles pour le succès du peuple d'Israël, contre les habitants du pays de Chanaan, ou Palestine, la terre promise; la destruction des peuples idolâtres et impies qui l'occupaient, et l'établissement du peuple d'Israël dans le pays que Dieu lui avait promis. Le second de ces livres est appelé le livre des Juges. C'est l'histoire de l'époque pendant laquelle le peuple d'Israël était gouverné par des juges qui rendaient la justice aux portes des villes, en prenant la défense du pauvre, de la veuve et de l'orphelin; les exploits, le courage et la vertu de quelques-uns de ces juges, et les miracles que Dieu fit en leur faveur. Le troisième de ces livres est celui de Samuël. C'est l'histoire de ce prophète choisi par Dieu dès son enfance pour conduire son peuple dans la voie de la justice et de la vertu; le désir du peuple d'Israël d'être gouverné par des rois; l'effort de Samuël pour l'en détourner; comment il y consentit; le choix qu'il fit de Saül pour être le premier roi d'Israël; les qualités et les défauts de Saül; fin de son règne; choix que Dieu fit de David, jeune pasteur, pour être roi d'Israël; exploits, vertus, piété et génie du roi David; amitié de David et de Jonathan, fils de Saül; mort de Saül; règne de David; sa gloire, sa vertu, les fautes dont il s'est rendu coupable, et son repentir et sa pénitence.

D. *Et le livre des Rois, quel est son contenu?*

R. C'est, après l'histoire de la vieillesse de David, l'histoire de Salomon son fils; sa renommée, sa grandeur et sa sagesse; les preuves qu'il en donnait; la magnificence du temple qu'il fit élever pour le culte divin; la prière du roi Salomon pour la dédicace de ce temple; vieillesse de Salomon; ses fautes et ses égarements; sa mort; le partage de son royaume après sa mort; celui de Juda et celui d'Israël, rois impies et sacriléges ; quelques rois justes et pieux; impiété, idolâtrie du peuple d'Israël; oubli de la loi divine ; miracles de charité et de compassion ; bienfaisance d'Elie et d'Elisée, prophètes envoyés par Dieu pour consoler et soulager son peuple et le ramener dans les voies de l'obéissance et de la vertu ; conquête de la Palestine par les rois étrangers ; première prédiction menaçante des prophètes; leur accomplissement. Destruction du premier temple ; première expulsion du peuple d'Israël du pays qu'il occupait. Tel est le contenu des livres des Rois, qui fait partie des premiers prophètes.

D. *Et quels sont les livres des prophètes que nous appelons les derniers prophètes ?*

R. Le premier de ces livres est celui d'Isaïe ; c'est le récit des visions divines de cet homme inspiré de Dieu, qui annonça le destin d'un grand nombre de peuples, les événements qui devaient leur arriver à la fin des jours et tout ce qui, dans le temps futur, devait arriver au peuple de Dieu, avant et après sa dispersion; et lorsqu'un jour Dieu aura envoyé le prophète et le libérateur annoncé par lui, et fait reconnaître sa loi de morale et de vérité à tous les peuples indistinctement. Les menaces et exhortations, les prédictions des châtiments et des régénérations futures donnent un caractère divin tout particulier aux inspirations de ce prophète.

On trouve aussi dans ce prophète des exhortations au peuple Juif de revenir de ses erreurs et de ses fautes, et d'en faire une pénitence sincère, non pas par les tourments et les souffrances du corps, mais par le repentir véritable, par la charité, la bienfaisance, la droiture et par la probité la plus sévère. On y trouve d'autres exhortations pour la célébration du samedi, jour du repos, non-seulement par le repos du corps et la suspension du travail, mais aussi par le repos de l'esprit et du cœur, la méditation sur nos devoirs et sur la loi divine.

D. *Quel est le second de ces livres que nous appelons les derniers prophètes?*

R. Jérémie. Comme Isaïe il exhortait le peuple de Dieu à rentrer dans la voie de la vertu, à retourner vers lui avec foi et sincérité. La douceur et l'affection caractérisent les paroles et les inspirations de ce prophète.

D. *Et le troisième de ces prophètes, quel est son nom?*

R. Ezéchiel. Il a aussi fait un grand nombre de prophéties sur des peuples étrangers, en exhortant le peuple d'Israël à l'obéissance à la loi divine, et en parlant des vérités, de l'immortalité de l'âme et de la résurrection des morts; des récompenses et des châtiments d'une vie éternelle.

D. *Quels sont les autres prophètes parmi ceux que nous appelons les derniers ?*

R. Ce sont ceux que nous appelons les douze petits prophètes. Comme ceux qui les avaient précédés, ils exhortaient le peuple d'Israël à quitter la voie du vice, du crime, de l'impiété et de l'idolâtrie; à pratiquer la vertu, la charité et la bienfaisance. Ils annoncèrent, pour les temps futurs, l'époque de la croyance générale dans un Dieu juste et unique, le règne et la protection de Dieu sur toutes ses créatures, l'arrivée d'un prophète libérateur que doit précéder, sur la terre, le retour du prophète Elie, et qui réunira tous les peuples par le lien de la justice et de la fraternité, par les liens de la famille. L'histoire de Jonas, miraculeusement sauvé des suites d'une tempête qui allait l'engloutir avec ses compagnons de vaisseau, lorsqu'il alla prédire le châtiment de Ninive, ville coupable abandonnée au crime, fait partie des livres de ces prophètes.

IVe LEÇON.

Des Ecritures dites sacrées.

D. *Après m'avoir dit le contenu des premiers et des derniers prophètes, pouvez-vous me dire aussi le contenu des livres qu'on appelle l'Ecriture. Quel est le premier de ces livres ?*

R. Le premier de ces livres est celui des Psaumes (TEHILLIM). Ce livre renferme cent cinquante cantiques ou psaumes, la plupart composés par le roi David, sur ses malheurs et ses événements, pour supplier l'Eternel de le sauver des mains de ses ennemis ou pour lui rendre de actions de grâce pour ses bienfaits. On y trouve aussi des chants et des hymnes sous le nom d'autres hommes inspirés, tels que les enfants de Coré, Asaph, Salomon, roi d'Israël. et une prière attribuée à Moïse, le prophète de Dieu. Ces hymnes étaient chantés par les Lévites dans le temple du Seigneur. Quelques-uns ont été composés pendant la première captivité, et tous renferment la peinture des beautés de la création, de la grandeur et de la bonté de son auteur; des principes de sagesse, des sentiments de vertu et des préceptes de foi et de piété. Ces cantiques inspirés sont encore récités, de nos jours, dans les temples de notre religion et dans tous ceux des nations les plus civilisées du Monde.

D *Et quel est le nom et le contenu du second livre des Ecritures* Kesouvim.

R. Les proverbes ou sentences morales du roi Salomon (Michlé-Cheloma). Ce sont des maximes et des exhortations pour exciter à l'amour et à la crainte de Dieu, à l'affection pour nos épouses, les compagnes de notre jeunesse, à la tendresse des pères pour leurs enfants; l'amour, le respect, l'obéissance des enfants pour les auteurs de leurs jours; la docilité à toutes les lois divines et humaines. On y trouve l'éloge de la femme forte et vertueuse que le courage, la sagesse et la piété rendent en ce monde le don le plus rare et le plus précieux.

D. *Et quel est le nom et le contenu du troisième livre des Écritures ?*

R. Le livre de Job. C'est l'histoire ou la parabole d'un homme juste et vertueux des anciens temps, dans le pays de Hous, situé en Orient; d'un homme que Dieu avait comblé de tous les biens et de toutes les bénédictions par une nombreuse famille et de riches troupeaux, qu'il éprouva ensuite par les malheurs les plus cruels, en lui enlevant tout ce qui faisait son bonheur et sa fortune. Les lamentations et le désespoir de Job; ses coupables reproches à la Providence éternelle; les conseils et les exhortations de ses amis accourus pour le consoler; les espérances d'une vie future et des rénumérations de l'éternité; les paroles de Dieu même, faisant entendre sa voix du milieu d'une nuée, reprochant à Job sa témérité et son désespoir, lui faisant contempler les merveilles de la création et ses traces éclatantes de sagesse, de bonté et de justice éternelle; Job rétabli dans un état aussi florissant et aussi heureux que celui dont il avait joui avant ses malheurs : tel est le contenu de ce livre, regardé comme le plus ancien parmi les livres de l'Ecriture sainte.

D. *Après l'histoire de Job, quels sont les écrits que nous trouvons dans cette partie de l'Ecriture ?*

R. Ceux que nous appelons les cinq petits récits ou (Megila). Ce sont : l'histoire de Ruth, l'Ecclésiaste ou Prédicateur, le Cantique des Cantiques, les Lamentations de Jérémie et le livre d'Esther.

D. *Quel est le sujet du livre de Ruth ?*

R. C'est l'histoire d'une femme de ce nom qui vivait au temps des juges, en Israël, et qui montra une grande vertu et beaucoup de piété filiale envers Noémi, sa belle-mère, que Dieu avait accablée des plus cruels malheurs ; et les récompenses qui, après ces malheurs, furent le prix de sa vertu et de sa piété.

D. *Et quel est le sujet du livre du Cantique des Cantiques ?*

R. Ce livre est du roi Salomon. C'est une allégorie sur l'histoire du peuple de Dieu et sur sa religion divine.

D. *Et quel est le sujet du livre appelé Ecclésiaste ou prédicateur ?*

R. Ce livre est attribué au sage Salomon. Il y dit que tout dans ce monde est vanité : les honneurs, les richesses et les plaisirs ; qu'il n'y a de vrai et de durable que la vertu, la justice, la sagesse, la crainte et l'amour de Dieu ; et, après beaucoup de préceptes de vertu et de morale, qu'obéir à tous les commandements de Dieu, c'est la destination de l'homme; et que toutes les actions pour le bien et le mal, publiques ou cachées, sont jugées selon leur intention et leur mérite.

D. *Quel est le sujet du livre des Lamentations de Jérémie ?*

R. C'est une complainte de ce prophète sur la chute et la destruction du premier temple de Jérusalem; sur les fautes et égarements qui attirent les justes châtiments de Dieu sur son peuple; des prières et des espérances pour qu'il le reprenne un jour dans son amour et sa miséricorde. Ces lamentations et ces récits sont encore récités parmi nous, le jour de jeûne anniversaire de la chute du premier et du second temple de Jérusalem.

D. *Et quel est le sujet du livre d'Esther ?*

R. C'est l'histoire d'une grande persécution dont les descendants du peuple Juif furent menacés entre la chute du premier et la destruction du second temple, au temps d'Assuérus, roi de Perse, et par la haine et l'orgueil d'Aman, son favori; et comme Dieu détourna d'eux ces dangers, en élevant Esther, une humble juive, au trône des rois de Perse, par le pieux et vertueux Mardochée, son oncle et son protecteur. L'anniversaire de cet événement est encore célébré, dans notre religion, par la fête joyeuse que nous appelons la fête d'Esther ou Porim.

D. *Quels sont les livres que nous voyons dans l'Ecriture sainte après ces cinq petits livres et récits ?*

R. Ce sont les livres de Daniel, d'Esdras et de Néhémi.

D. *Quel est le sujet du livre de Daniel ?*

R. C'est l'histoire du captif transporté à Babylonne après la première destruction du temple de Jérusalem, et élevé dans un palais du roi d'Assyrie, pour y demeurer auprès de sa personne, et pour y être élevé dans une fausse religion d'impiété et d'idolâtrie. Le courage avec lequel Daniel refusa d'obéir à ce que lui commandaient ceux qui le tenaient captif; les miracles par lesquels Dieu le sauva de leur colère; les songes du roi d'Assyrie expliqués par Daniel comme prédiction d'un dernier règne auquel Dieu donnera la force, la sagesse, l'éternité, et l'admiration que le roi d'Assyrie éprouva pour Daniel et la sagesse de ses paroles.

D. *Et quel est le sujet du livre d'Esdras et Néhémi ?*

R. Par le livre d'Esdras, nous apprenons qu'après que le don de la prophétie eut cessé en Israël et après que par la destruction du premier temple, les enfants d'Iraël eurent été pendant soixante et dix ans en captivité à Babylonne, ils retournèrent à Jérusalem avec la permission de Cyrus, roi de Perse, dont le prophète Isaïe avait annoncé la puissance et la grandeur; qu'ils y retournèrent sous la conduite d'Esdras, homme d'une grande sagesse et d'une grande vertu. Il leur relut tous les livres de la loi divine, que presque toute la nation avait entièrement oubliés, et leur enseigna les cérémonies et le culte qu'ils devaient observer dans le temple qu'ils allaient reconstruire et dont ils voulaient rétablir la gloire et la magnificence.

D. *Et quel est le sujet du second de ces livres?*

R. Nous y trouvons qu'après qu'Israël fut retourné de Babylonne à Jérusalem, Néhémi ainsi qu'Esdras montrèrent une grande sagesse et une grande vertu, et firent de grands efforts pour réparer les murs de cette ville et le temple du Seigneur, et pour s'opposer aux ennemis d'Israël qui cherchaient à faire cesser ces travaux.

D. *Et le livre des chroniques, le dernier de ceux dont se compose l'Histoire sainte, quel est son objet et son contenu?*

R. Ce livre est la récapitulation de tout ce qui est renfermé dans les cinq livres de Moïse et dans les livres des premiers prophètes, depuis Adam, le premier homme, jusqu'à la destruction du premier temple et la première dispersion du peuple Juif.

Ve LEÇON.

Des événements arrivés pendant la durée du second temple, entre la première et la seconde dispersion du peuple Juif.

D. *Vous venez de me faire connaître tout le contenu des livres sacrés; pouvez-vous maintenant raconter aussi les événements arrivés au peuple de Dieu après la fin des prophéties et après le temps des livres sacrés dont vous venez de parler ?*

R. Oui sans doute. Ces événements, nous en reconnaissons la vérité, bien qu'ils ne nous soient pas racontés par les livres saints; c'est à eux que se rapportent plusieurs des traditions et des solennités de notre croyance.

D. *Combien de temps dura la captivité d'Israël en Babylonne ?*

R. Elle dura soixante et dix ans, comme Jérémie l'avait prédit.

D. *Quand ces soixante et dix ans furent écoulés, qu'arriva-t-il ?*

R. Plusieurs tribus revinrent dans leur pays, conduites par le sage et pieux Esdras.

D. *Quel est le roi qui leur en accorda la permission ?*

R. Ce fut Cyrus (Corech), roi de Perse, comme l'avait prédit le prophète Isaïe.

D, *Que firent les Juifs après être revenus dans leur pays ?*

R. Ils se mirent à rebâtir la ville et le temple de Jérusalem, encouragés et aidés par Néhémi dont l'Ecriture nous raconte l'histoire avec celle d'Esdras.

D. *Lorsqu'après avoir rebâti le temple, nos ancêtres furent sous la domination des princes étrangers, quel est le roi dont la persécution enflamma le courage et la piété de nos ancêtres ?*

R. Ce fut Antiochus, roi de Syrie, qui pilla et profana le temple de Jérusalem. Il y fit cesser le service divin pendant plusieurs années et employa toutes sortes de cruautés pour contraindre les Juifs à renoncer à leur religion.

D. *Quels furent alors les hommes courageux et pieux qui se réunirent pour s'opposer à ses desseins ?*

R. Mathatias et plusieurs autres, réunis pour défendre leur religion et leur liberté. Juda-Machabé et Jonathan, tous deux fils de Mathatias, remportèrent de grandes victoires sur le roi impie et firent rétablir le culte du vrai Dieu.

D. *Quelle est la solennité religieuse par laquelle nous célébrons la mémoire du courage et de la piété de Mathatias, Machabé et Jonathan, ses fils ?*

R. La fête des illuminations ou consécration (CHANOUCHA), le vingt-cinquième du mois de KISLEV, dans les mois de l'hiver.

D. *Par qui les Juifs furent-ils ensuite gouvernés?*

R. Pendant environ cent ans, par les successeurs de Juda-Machabé, sacrificateurs, et qui prirent le titre de rois.

D, *Après cela quel fut leur état ?*

R. Ils tombèrent sous la puissance des

Romains auxquels leurs rois furent presque entièrement soumis, après que Pompée le grand, célèbre guerrier romain, fut entré dans le saint des saints du temple de Jérusalem.

D. *Quel nom donna-t-on pendant la durée du second temple aux hommes sages, savants et pieux qui éclairèrent durant cette époque le peuple Juif de leurs lumières, de leur savoir et de leur piété?*

R. On les appelait les hommes de la grande Synagogue.

D. *Quel fut, après l'existence des hommes de la grande Synagogue durant le second temple, celui de nos sages ou chachamims dont le nom, l'autorité et les paroles sont restés les plus respectables dans la suite des générations juives?*

R. Ce fut Hillel, renommé par sa douceur, sa patience et sa profonde humilité, et par tout ce qu'il enseignait au peuple juif concernant les devoirs à remplir dans ce monde, les récompenses et les châtiments qui nous attendent dans l'autre.

D. *A côté des nombreux disciples de ces hommes pieux et sages, ne s'éleva-t-il pas alors au milieu du peuple juif une secte impie, qui ne connaissait que les biens de ce monde et niait toutes les vertus qui doivent nous faire croire dans l'autre?*

R. Oui, on les appela les Séducéens. Leur orgueil et leur endurcissement contribuèrent beaucoup à hâter le second accomplissement des prophéties par lesquelles Dieu annonçait la nouvelle dispersion de nos ancêtres parmi les autres peuple de la terre.

D. *Par qui Dieu fit-il accomplir cette prédiction?*

R. Par Titus, fils de l'Empereur romain Vespasien, qui fit le siége de Jérusalem, et s'en empara après une longue résistance, brûla le saint temple et emmena le peuple captif en le répandant dans les provinces de l'empire Romain. Cet événement est rappelé de nos jours le neuvième jour du mois d'Av, dans toutes les parties du monde par un jeûne et une cérémonie funèbre, par les Israélites de toutes les parties du monde.

D. *Que devons-nous penser des dernières suites de cette dispersion?*

R. Nous devons penser quelle est la dernière. Les sacrifices et autres solennités du temple sont remplacés par les prières et les actions de grâces. Toutes les nations de la terre verront bientôt des frères et des égaux dans les descendants du peuple d'Israël : ceux-ci s'en rendront complétement dignes partout. C'est là ce que nous devons attendre, selon l'interprétation de nos sages et de nos justes, des jours de délivrance que nous annoncent les prédictions divines ; et il n'est point de vrai Israélite, comme disent aussi nos justes et nos sages, pour qui dans le fond de son cœur le temple saint ne soit déjà bâti de son vivant.

VIe LEÇON.

Des principes fondamentaux de la croyance juive, tels qu'ils résultent du contenu de nos livres saints et de toutes les traditions orales.

D. *Les principes fondamentaux de notre croyance, tels qu'ils résultent du contenu et du commandement de nos livres sacrés et des traditions qui nous en ont donné l'interprétation véritable, n'ont-ils pas été réunis en plusieurs articles de foi par un de nos docteurs des plus célèbres?*

R. Oui, ils ont été réunis en treize articles ou principes de foi, par Maïmonide (Rambam), célèbre rabbin espagnol, et ces articles ont été adoptés pour nous dans toutes les parties du monde.

D. *Récitez-moi ces treize articles?*

R. Je crois d'une parfaite croyance que Dieu a créé tout ce qui existe, qu'il conduit et qu'il surveille toutes les créations, et que le monde a été, est, et sera son ouvrage.

2° Que Dieu le créateur est unique, et qu'il n'y a point d'unité comme la sienne; que lui seul est notre Dieu, qu'il a été, qu'il est et qu'il sera.

3° Que Dieu n'a rien de corporel; que rien de corporel ne peut l'atteindre; que rien au monde ne peut lui être comparé.

4° Que Dieu, le créateur du monde, a existé le premier dans l'univers et qu'il sera le tout dernier.

5° Que Dieu le créateur est le seul être auquel nous devons adresser nos prières et que nous ne devons pas les adresser à un autre.

6° Que les prophéties de Moïse notre maître ont été saintes et vraies; qu'il a été le premier de tous les prophètes qui sont venus avant et après lui.

7° Que les paroles de nos prophètes sont d'une entière et complète vérité.

8° Que toute la loi divine qui est maintenant entre nos mains a été communiquée à Moïse notre saint prophète.

9° Que cette loi ne sera jamais ni changée ni révoquée.

10° Que Dieu le créateur connaît toutes les actions des hommes et toutes leurs pensées comme il est dit dans l'Écriture: celui qui a formé leur cœur doit être juge de toutes leurs actions.

11° Que Dieu le créateur récompensera ceux qui observent ces commandements et qu'il châtiera ceux qui les transgresseront.

12° Je crois aussi d'une parfaite croyance dans l'avenir du Messie (Mechiah), et, quelque temps qu'il tarde, je ne cesserai d'espérer en lui jusqu'à son arrivée.

13° Dans l'éternité et l'immortalité de l'âme et dans la résurrection des morts, et quand il plaira à la volonté de Dieu, le moteur éternel, de les rappeler en ce monde.

D. *Donnez-moi quelques éclaircissement sur les trois derniers des treize principes de foi que vous venez de réciter. Qu'entendez-vous quand vous dites que*

Dieu récompensera ceux qui observent ses commandements et qu'il châtiera ceux qui les transgressent?

R. Je veux dire que déjà dans ce monde nous trouvons dans le contentement de notre conscience la récompense de l'obéissance aux lois divines; et dans les reproches que notre conscience nous fait, les châtiments de notre transgression; mais nous devons être assurés aussi que cette obéissance et cette transgression trouveront leur récompense et leur châtiment par la justice divine après cette vie et dans le monde éternel.

D. *Ces récompenses et ces châtiments, en quoi notre croyance nous enseigne-t-elle qu'ils consisteront dans l'autre monde?*

R. Dans la honte, la confusion et les remords des méchants, et dans la contemplation de la bonté divine par les bons et les justes. Dans l'autre monde, disent nos sages, il ne sera plus possible de se livrer à aucune jouissance de nos sens, mais seulement à la contemplation de la bonté et de la gloire divine. Les expressions de Ganeden, jardin d'Eden, séjour de nos premiers parents, et dont nous nous servons pour désigner le séjour des élus, l'expression de Gehinom, vallée où se pratiquait autrefois un culte impie chez les peuples idolâtres, sont des allusions dont nous nous servons pour rendre d'une manière sensible l'idée des peines et des jouissances entièrement morales que nous devons attendre dans l'autre monde.

D. Donnez-moi maintenant aussi quelques éclaircissements sur les principes de notre foi, d'après lesquels nous croyons à la venue future du Messie, du libérateur, et dites-nous quelque chose sur les textes des livres sacrés qui nous imposent les devoirs de cette croyance ?

R. Dans plusieurs passages de nos prophètes nous lisons que Dieu enverra un jour son Elu ou Messie, de la race de David, fils de Jessé. Le prophète Isaïe nous dit qu'il jouira de l'esprit divin, d'un esprit de sagesse, de pénétration, de courage, de prudence et de profond respect pour le Très-Haut ; qu'il ne respirera que la crainte de Dieu, qu'il ne jugera pas d'après les apparences ou d'après les vaines paroles, mais qu'il jugera les opprimés avec justice et interviendra avec droiture pour ceux qui sont humiliés ; que par ses paroles et le souffle de sa bouche il anéantira les méchants ; que la justice sera sa ceinture et la vérité son glaive; qu'alors le lion et la brebis, le tigre et le chevreau, seront paisiblement ensemble, et que toute la terre connaîtra Dieu et sa sagesse. Et dans un autre endroit, le même prophète nous dit que cet élu terminera les querelles des peuples; qu'il sera médiateur des nations ; qu'il transformera leurs épées en faux et leurs lances en serpes; qu'ils n'apprendront plus la guerre. Dans un autre endroit encore: qu'à cette époque l'Eternel sera le roi de toute la terre; que son nom sera unique comme son essence. C'est quand cette époque sera arrivée pour nous, comme pour l'humanité tout entière, que nous regarderons comme acccomplie la prophétie fondamentale de notre croyance, qui nous annonce un élu ou libérateur.

D. *Cette interprétation de notre croyance du Messie, d'après le texte de nos prophètes, est-elle autorisée et reconnue aussi par les traditions et les paroles des sages de la Synagogue?*

R. Assurément; les jours du Messie arriveront, dit l'un d'eux, quand Israël ne sera plus opprimé par les grands et les puissants de la terre. Le Rambam lui-même, qui a recueilli ces principes, adopte une interprétation semblable dans un de ses principaux ouvrages. L'Eternel régnera toujours, disons-nous dans une de nos prières, sur nous et sur toutes ses créatures. Tous les textes composés par nos sages nous mettent dans la bouche l'invocation de l'époque où la puissance et la bonté divine réuniront tous les peuples par la justice, la vertu et la fraternité.

D. *Cette croyance est-elle compatible avec nos vœux, notre espoir d'un retour du culte divin à Jérusalem, autrefois le sanctuaire de sa gloire et de sa révélation?*

R. Oui sans doute; quand le culte de la vertu et de la vérité régnera partout, nous devons croire que Jérusalem, autrefois le temple du Seigneur pour la nation choisie par lui, le sera pour l'univers entier. C'est dans ce sens que nous disons tous les jours: tu retourneras à Sion dans la ville chérie ; tu y demeureras, selon ta promesse; et nous trouvons le fondement de cette croyance dans le verset du prophète Isaïe: « Jérusalem sera le séjour de ma sainteté ; vers lui se tourneront tous les peuples de la terre; je les ferai arriver sur la montagne de ma sainteté; je remplirai de joie la maison où s'éleveront vers moi leurs prières. La maison de mon culte sera appelée la maison des prières pour toutes les nations ». C'est dans ce sens aussi, dans celui de la lumière divine se répandant de Jérusalem sur tout l'univers, que nous devons interpréter ce verset du prophète Isaïe. *Mtsion tese tora, ou devar Adonai mirouschalaim.* C'est de Sion que sortira la loi et la parole divine de Jérusalem.

D. *Donnez-moi maintenant quelques éclaircissements sur le dernier des treize articles de notre Foi, la croyance à la résurrection des morts et l'immortalité de l'âme. Quelles sont les différentes raisons qui nous autorisent à y croire et nous en font un devoir?*

R. Ces raisons sont de deux sortes: les unes par l'esprit et la conscience; les autres par l'Ecriture sainte.

D. *Que nous apprennent sur cet objet important la raison et la conscience?*

R. La raison et l'expérience nous apprennent que la matière et les éléments ne sauraient être doués de cette immense faculté de penser et de réfléchir que l'homme seul possède parmi tous les êtres animés de la terre ; qu'une essence simple et non corporelle, comme le génie de l'homme, ne saurait être l'objet d'une destruction complète. La conscience nous apprend à aimer et à chercher la vertu, à détester, à fuir le vice et le crime. Elle nous donne à tous la persuasion d'un monde éternel, où la vertu trouvera sa récompense dans la contemplation divine, le vice et le crime leur juste prix dans la honte et dans la réprobation divine.

D. *Comment cette croyance nous est-elle attestée par le texte de l'Ecriture sainte ?*

R. Le premier des cinq livres de la loi, l'histoire des patriarches est remplie d'allusions dont il est impossible de ne pas reconnaître la valeur dans les croyances de l'immortalité : « Je demanderai compte à vos âmes de votre propre sang que vous aurez versé » ; ces paroles que Dieu dit à Noé et ses fils, après le déluge, attestent notre croyance à l'immortalité, et condamnent la coupable action du suicide, notre destruction à la vie de ce monde, comme l'appellent nos sages. Henoch, homme juste et pieux des premiers temps, est-il dit dans le livre de la loi, était en communication avec Dieu; il disparut, car Dieu l'avait pris à lui. La pieuse résignation d'Abraham dans le sacrifice que Dieu lui avait commandé, les expressions de l'Ecriture sainte qui, en parlant de la mort des patriarches dit qu'ils sont réunis à leurs ancêtres ; les bénédictions de Jacob avant de quitter ses enfants, et ce qu'il dit quand il croit que le moment de s'en séparer est arrivée (j'espère à ton secours éternel, mon Dieu !) présente la même idée. Après la sortie de l'esclavage, en Egypte, le législateur divin ne parle encore directement au peuple de Dieu que des biens d'une longue vie sur la terre que nous habitons ; mais il dépose la croyance d'une vie future entre les mains des sages et des anciens de son peuple, avec la mission d'en répandre la manifestation à travers le cours des âges. Déjà nous en voyons les traces dans quelques-uns des livres de nos premiers prophètes. Dans les derniers prophètes, Ezéchiel et ceux qui le suivent annoncent les vérités de la résurrection future des morts, vérité inséparable de celle de l'éternité de nos âmes. Les psaumes inspirés par l'esprit divin au roi prophète, les paroles de sagesse et de morale de son fils le roi Salomon, renferment aussi, dans plusieurs passages, des indices de la vie future, de ses châtiments et de ses félicités. Après la première dispersion du peuple Juif, pendant la durée du second temple, pendant tout le temps des hommes appelés ceux de la grande Synagogue, toutes ces vérités d'une vie future de récompense et de punition du bien et du mal, sont enseignées et répandues par les justes et les sages dans les temples et les écoles, tandis que quelques impies nient ces vérités et poursuivent ceux qui les proclament. Après la destruction du second temple et la dispersion de nos ancêtres, ces vérités consolantes les ont suivi parmi toutes les nations, dans toutes les contrées de la terre où la colère divine leur a fait trouver le malheur et la persécution, en les exhortant à la résignation dans ce monde et à l'espérance d'un autre. Les prières qui nous sont prescrites, les maximes de nos sages, les expressions dont nous nous servons en parlant de ceux qui ne sont plus en ce monde, nos vœux et nos prières pour le salut de leurs âmes, tout atteste, dans notre foi antique et sainte, comme dans celle des autres peuple civilisés, la croyance de la rémunération et de l'immortalité.

D. *Notre religion nous enseigne-t-elle que les peines et la récompense de l'autre monde ne sont que pour ceux qui la reconnaissent et la suivent?*

R. Non, mais pour tous les hommes indistinctement, selon leurs vertus et leurs fautes. Les justes de toutes les nations de la terre, disent nos sages, ont part aux félicités de la vie future.

D. *Faites-moi connaître aussi quelques-unes des manifestations par lesquelles nos sages de la tradi-*

tion nous ont pénétré des croyances dans la vérité de l'immortalité de notre âme, des jugements de l'autre monde, de la résurrection et du jugement dernier qui doit la suivre, et quelques-unes des paroles de l'Ecriture sainte que nous font connaître ces mêmes vérités; et rappelez-moi aussi d'abord quelques-unes des principales considérations, qui doivent en pénétrer et en convaincre complètement notre raison et notre conscience?

R. Nous voyons clairement que dans la nature rien ne se détruit. L'idée de la destruction nous est inconnue; les formes seules varient sans cesse, mais les forces continuent toujours d'agir; du sein de la destruction le fruit renaît jeune et fécond. Comment nous serait-il possible de croire à la destruction de l'âme humaine, ce chef-d'œuvre de la création, doué de tant de facultés et d'avantages, d'un désir et d'un besoin infini de la vérité, qui tous témoignent de sa destination à une vie éternelle? Les jouissances et la prospérité des méchants, les souffrances et l'opression des justes dont nous sommes quelquefois les témoins, doivent augmenter encore notre conviction dans les châtiments et les récompenses de l'éternité. Nous lisons dans le livre de Daniel : Combien de ceux qui dorment dans la poussière seront réveillés, les uns pour la vie éternelle, les autres pour une honte et un opprobre sans fin. Nous lisons encore dans nos traditions saintes : Ceux qui sont nés sont destinés à la mort, les morts à renaître à la vie, et ceux qui renaissent à la vie, au jugement de l'éternité. Que l'on apprenne et que l'on soit convaincu que le Créateur et l'auteur tout-puissant de tout ce qui est dans le monde, est à la fois notre juge, notre témoin et notre accusateur; avec lui il n'y a à craindre ni l'injustice, ni l'oubli, ni la partialité de l'amitié, ni les préventions intéressées. Sache donc que tout sera compté et pesé dans l'autre monde; garde-toi de te laisser dominer par tes mauvais penchants, comme si la tombe devait être pour toi un lieu de refuge; tu es né sans ta propre volonté, tu as vécu et tu mourras sans ta volonté; c'est encore sans ta volonté que tu rendras compte un jour de tes actions au Juge suprême, au Roi de tous les rois, à Dieu. Béni soit son nom. Nous lisons encore dans la tradition: Ce monde ressemble à une salle de préparation pour la vie future. Tâche de t'y préparer ensorte de devenir digne d'être reçu dans le palais où tu es attendu.

QUATRIÈME PARTIE.

DE LA PRIÈRE ET DU CULTE EN GÉNÉRAL.

PREMIÈRE LEÇON.

De la Prière.

D. *Vous venez de faire connaître complètement l'histoire, les principes, les croyances et la morale de notre religion, dites-moi maintenant par quels moyens les hommes en général manifestent leurs sentiments de piété et de foi envers la divinité, et quels sont ceux que prescrit particulièrement notre culte ?*

R. Ces moyens sont : La prière, le culte, la profession publique de notre religion, l'invocation du nom de Dieu dans les vœux et le serment.

D. *Qu'est-ce que la prière et quel est l'idée que nous devons y attacher ?*

R. C'est l'acte par lequel nous élevons nos pensées vers Dieu, pour lui rendre grâce de ses bienfaits, pour lui en demander de nouveaux, pour implorer sa protection et son amour et pour nous affermir dans la résolution de remplir tous nos devoirs, et pour invoquer le pardon des fautes que nous reproche notre conscience, avec la résolution de les réparer.

D. *Pour qui devons-nous implorer la protection divine ?*

R. Pour nous-mêmes, pour nos parents, nos amis, nos supérieurs, pour tous nos frères, pour la Société, pour notre patrie et même pour nos ennemis.

D. *A quelle règle particulière la prière est-elle soumise dans notre culte ?*

R. Elle peut être faite individuellement ou dans une réunion quelconque, mais pour être faite selon les usages du culte public, il faut une réunion de dix hommes, ayant atteint l'âge de la majorité religieuse, 13 ans, ce qu'on appelle MINIAN.

D. *Combien de fois, journellement, la tradition nous prescrit-elle de faire la prière en commun ou en particulier?*

R. Deux fois, le matin (SCHACRIS), le soir (MINCHA et MANRIVE), en commémoration des sacrifices qui s'offraient dans le temple de Jérusalem autrefois.

D. *Outre les fruits que les hommes en général doivent attendre de leurs prières à la Divinité, quels sont, dans notre culte en particulier et pour nos frères en religion, les résultats que nous devons en désirer et en espérer.*

R. Le bonheur et la tranquillité de nos co-religionnaires de toutes les contrées du Monde, leur perfectionnement et leurs progrès; l'accomplissement prochain de nos prophéties, dans le sens que l'entendent nos traditions et nos sages.

D. *Je voudrais maintenant que vous me dissiez dans notre langue nationale quelques-unes des prières en hébreux introduites par la tradition dans nos exercices religieux et conformes à nos sentiments et nos devoirs religieux actuels. Dites moi d'abord le cantique qui se dit tous les matins au commencement de l'exercice du culte?*

R. C'est le cantique appellé Adonolom. « Maître de l'univers, qui as régné avant qu'aucun être ait été créé au temps fixé, tout fut produit par sa volonté. Roi tout-puissant, tel est son nom, et après que tout sera consommé, lui seul régnera encore majestueusement. Il a été, il est, il sera toujours avec magnificence. Il est unique; il n'a point de second qui puisse lui être comparé en puissance. Il n'a point de commencement, point de fin. A lui la force, le secptre et la domination. Il est mon Dieu et mon libérateur vivant, le rocher de nos refuges au temps de l'affliction, mon étendard et mon secours, la coupe de mon salut chaque fois au jour de mon invocation; c'est entre ses mains que j'abandonne mon âme, en me livrant au sommeil et au moment de mon réveil, mon enveloppe périssable avec mon âme immortelle, que l'Eternel me soit en aide et la crainte est loin de moi. »

D. *Dites-moi maintenant une autre prière du matin qui exprime d'une manière plus complète notre croyance dans l'immortalité et la résurrection?*

R. **Mon Dieu**, l'âme que tu m'as donnée, l'âme que tu as mise en moi, est pure; c'est toi qui l'a créée; elle émane de ton souffle divin; tu l'as conservée, tu la sépareras de mon enveloppe mortelle, et un jour tu me la rendras. Pendant tout le temps que ton souffle divin m'anime je reconnais devant toi, Eternel mon Dieu et le Dieu de mes ancêtres, que tu es le commencement de tout ce qui existe, le maître de toutes les âmes, béni soit l'Eternel qui restituera un jour les âmes immortelles aux corps qu'elles avaient animés.

D. *Dites-nous maintenant un chapitre de la prière que nous sommes tenus de réciter le matin et le soir, et qui renferme particulièrement notre croyance dans l'unité de Dieu et les préceptes pour étudier sa loi?*

R. C'est le chapitre intitulé Chema. Écoute Israël! l'Eternel est notre Dieu unique; béni soit à jamais son règne glorieux. Tu aimeras l'Eternel ton Dieu de tout ton cœur, de toute ton âme et de tout ton pouvoir. Que ces préceptes que je te donne aujourd'hui soient gravés dans ton cœur; tu les inculqueras à tes enfants et tu les répéteras fréquemment soit dans ta maison, soit en chemin, en te couchant et en te levant; tu les liras comme signe sur ta main et tu les porteras en fronteau entre tes yeux; tu les écriras sur les poteaux de ta maison et sur tes portes.

D. *Quels sont les commandements de l'Écriture que nous prescrit ce chapitre?*

R. Celui de nous revêtir en faisant pendant les jours ordinaires les prières du matin, de Tephilim, appelés Filacter en hébreux, (en même temps que de Franches, commandés aussi par un passage de la Bible et appelé Tsisis), et d'appliquer la Mesousah aux portes de nos maisons, renfermant les uns et les autres des passages de l'Ecriture.

D. *Maintenant je voudrais aussi que vous me récitassiez le passage de la prière qui termine tous nos exercices religieux, et qui exprime d'une manière particulière notre croyance dans le triomphe futur de la justice et de la vérité universelle, par celui de la loi et de la volonté divines.*

R. Le voilà ce passage: Nous espérons de toi, Eternel notre Dieu, que tu nous feras voir bientôt la magnificence de ta force en faisant disparaître de la terre toutes les criminelles iniquités; en fondant l'ordre de l'univers entier sur ta sainte royauté; lorsque tous les enfants de la chair invoqueront ton nom, que de toutes les parties de la terre les impies et les méchants se retourneront vers toi, lorsque tous les habitants de l'univers sauront et reconnaîtront que c'est devant toi que tout genou doit fléchir, que c'est à toi que toute langue doit adjurer, que c'est ton nom sacré qu'ils doivent glorifier, que tous et à toujours doivent se soumettre au joug sacré de ta domination éternelle.

D. *N'y a-t-il pas, outre les prières du matin et du soir, d'autres instants dans le jour où nous devons nous recommander à Dieu et lui demander des actions de grâces?*

R. Avant et après nos repas et avant de nous livrer au sommeil de la nuit.

D. *Dites-nous quelques passages de nos actions de grâces après nos repas?*

R. Béni soit l'Eternel notre Dieu, le Roi de l'univers, qui nourrit le monde entier. Avec sa bonté, sa grâce et sa miséricorde à toute chair vivante, il donne du pain pour sa nourriture; sa bonté est éternelle; Dieu puissant et plein d'amour, il prépare la nourriture, les moyens d'existence et de bonheur à tous les êtres qu'il a créés; béni soit l'Eternel qui nourrit et soutient l'univers; que le Dieu miséricordieux soit loué à jamais, de génération en génération; qu'il nous fasse trouver avec honneur l'existence de la nourriture pour nous et notre famille; qu'il donne sa bénédiction sainte à la maison où nous nous trouvons; à la table où nous venons de prendre ce repas; à nos parents, à nos amis; qu'il nous envoie bientôt Elie le prophète, dont la mémoire est bénie, pour nous annoncer des prédictions heureuses et consolatrices; qu'il nous fasse vivre jusqu'à l'arrivée du Messie libérateur, et jouir de la vie et des félicités du monde futur.

D. *Maintenant dites-moi aussi un passage de la prière que nous avons coutume de réciter avant de nous livrer au sommeil de la nuit?*

R. Je te bénis, Eternel notre Dieu, Roi de l'univers, qui fait tomber sur nos yeux les liens du sommeil et le repos sur nos paupières; qu'il te plaise, Eternel mon Dieu et le Dieu de mes ancêtres, de me faire reposer en paix! de me faire réveiller et relever en paix aussi, et que ne vienne m'effrayer aucun songe attristant, aucune vision funeste, aucun mauvais pressentiment, et que par ta grâce la couche de mon repos soit pour moi une couche de paix et de santé; rends la lumière du jour à mes yeux, et que mon sommeil ne soit pas encore le sommeil de la mort en ce monde.

Béni soit l'Eternel qui un jour réveillera l'univers tout entier pour la célébration de son honneur et de sa gloire.

IIe LEÇON.

Des fêtes de la célébration du samedi ou sabbat.

D. *Outre le repos corporel que nous prescrit l'Ecriture sainte et la tradition pour le jour de repos ou sabbat, et la défense contenue dans le livre de la loi de toucher nous-mêmes du feu ce jour-là dans nos habitations, et le repos d'esprit et de cœur qui doit l'accompagner et qui seul lui donne du mérite et de la valeur aux yeux de la religion, n'y a-t-il pas des règles particulières établies dans notre culte pour l'accomplissement de l'un et de l'autre de ces repos?*

R. Oui, nous devons faire en ce jour la lecture et la méditation de l'Ecriture sainte, dans la langue sacrée pour ceux qui l'entendent ou dans une langue généralement entendue. A cet effet les cinq livres de Moïse sont divisés pour nous en autant de parties (SEDERA), qu'il y a de samedis, depuis celui qui vient immédiatement après nos fêtes de l'automne jusqu'à celui qui les précède; chacune de ces parties analogues SEDERA) est accompagnée d'un passage de nos premiers ou de nos derniers prophètes (HAPHTORA). Ces passages de la Bible ou des prophètes se lisent à haute voix dans nos temples et doivent ensuite être lus et médités par chacun en particulier; c'est l'occupation la plus convenable à un pieux Israélite pour le jour de la célébration du samedi ou sabbat. Il en est de même pour toutes les autres époques de l'année, pour les passages récités dans le temple, soit de l'Ecriture soit des Prophètes.

D. *N'y a-t-il pas encore pour ce jour d'autres lectures prescrites par l'usage religieux?*

R. Quelques psaumes du Roi prophète en rapport avec l'objet de cette solennité, des maximes et des prescriptions de nos sages et nos anciens (chapitre des anciens), qui nous recommandent pour tous les jours et pour toutes les époques de la vie, la vertu, la morale, la piété, le travail, la résignation, la docilité, l'espoir et la confiance dans la sagesse et dans la bonté divine.

D. *A quel instant et de quelle manière se font l'inauguration et la clôture de la fête du samedi ou sabbat?*

R. La veille, le vendredi au commencement de la nuit, le samedi soir à la chute du jour, par des chants, des prières et des cérémonies conformes à ces solennités.

IIIe LEÇON.

Des autres fêtes prescrites dans les cinq Livres de la loi.

D. *Parmi les fêtes prescrites par les cinq livres de la loi, quelles sont les fêtes pour lesquelles, de toutes les parties de la Palestine, le peuple d'Israël se rendait au temple de Jérusalem, pour apporter des offrandes, des holocaustes et des sacrifices de de tous genres?*

R. Ces fêtes étaient au nombre de trois:

la fête de PESSACH ou des pains asymes ; la fêtes de SCHVOUGS ou des tables de la loi, la fête de SOUCOS, des tentes ou feuillages.

D. *Quel est l'événement dont la célébration est l'objet de la fête de* PESSACH ?

R. La délivrance de nos ancêtres du peuple d'Israël, de l'esclavage de Pharaon, en Egypte ; le passage miraculeux de la mer Rouge.

D. *Combien de jours dure la célébration de cette fête ?*

R. Huit jours : les deux premiers et les deux derniers jours sont fêtes complètes, et les autres, demi-fêtes ou entre-fêtes. On appelle aussi cette solennité la fête de Pâques, correspondant aux mois du printemps.

D. *A quelle époque de l'année a lieu cette fête ?*

R. Le quinzième jour du premier de nos mois de NISSON.

D. *Quelle est l'observance qui nous est rigoureusement prescrite par la loi et la tradition divine, pendant les huit jours de cette fête ?*

R. De ne manger que du paiu asyme, sans levain, comme les enfants d'Israël en sortant d'Egypte, et en commémoration de cet événement.

D. *Quels étaient, dans les anciens temps, les solennités de cette fête ?*

R. L'agneau pascal, et l'offrande, au temple, de la première gerbe de l'année.

D. *A quelles réflexions devons-nous nous livrer maintenant au sujet de cette fête, et quel doit être, en la célébrant, l'objet de nos prières et de nos vœux?*

R. De nous délivrer du mal, du péché et des passions coupables; comme nos ancêtres, de l'oppression et de la servitude; de faire partout jouir nos frères des bienfaits de la justice, et qu'ils en deviennent partout dignes par leurs vertus et leur conduite.

D. *Quel est l'événement qui a pour objet la célébration de la fête de* SHVOUES *(Semaine), et pourquoi s'appelle-t-elle ainsi?*

R. Parce qu'elle avait lieu sept semaines après que l'on avait offert, dans les anciens temps, la nouvelle gerbe, cinquante jours après la fête de PESSACH ou Pâques, le sixième jour du troisième mois de SIVON, correspondant aux mois de l'été. On l'appelle aussi la fête de Pentecôte. A cette fête, on offrait autrefois dans le temple deux pains, qui étaient les premiers de l'année. Depuis, cette fête a été consacrée aussi à célébrer la promulgation de la loi divine sur le mont Sinaï et dont la tradition nous apprend que cette fête est l'anniversaire.

D. *Et dans quel esprit doit aujourd'hui se célébrer cette fête?*

R. En hâtant, par nos vœux, le moment où les lois saintes données sur le mont Sinaï, et qui sont la base des religions des peuples les plus civilisés du Monde, seront la loi de l'humanité tout entière, et suivies par toutes les nations de la terre.

D. *Quelle est l'époque et l'objet de la fête des tentes, tabernacles ou feuillages (Soucos)?*

R. On la célèbre pendant huit jours, le quinzième jour de notre septième mois, TISRIE, correspondant aux mois d'automne, après la récolte de tous les fruits de l'année. Elle a pour objet de nous faire ressouvenir que nos ancêtres, avant d'entrer dans la Terre promise, avaient longtemps habité sous des tentes; c'est pour cela que la loi nous commande aussi d'habiter nous-mêmes sous des tentes pendant sept jours, et d'apporter dans le temple des branches de palmier et d'autres fruits de la contrée.

D. *La tradition n'a-t-elle pas ajouté un jour à la fête des feuillages, pour une fête particulière?*

R. Oui, la fête dite des réjouissances de la loi. C'est l'époque où se termine la lecture, pour chaque samedi, des diverses parties ou SEDERA du livre de la loi, par la lecture de la dernière, relative à la mort du prophète Moïse et ses bénédictions au peuple d'Israël. Le samedi suivant recommence la lecture des diverses parties du livre de la loi ou SEDERA, par la première, dite BERECHIS, du commencement.

D. *Dans quel esprit toutes les célébrités de cette époque doivent-elles être célébrées?*

R. Dans un esprit d'union, de concorde

et de famille, et pour célébrer les devoirs et les bienfaits du travail et de l'agriculture.

IVe LEÇON.

Des autres fêtes ordonnées dans les cinq livres de la loi. De la fête du commencement de l'année (ROCH-HACHONA) ; des dix jours de pénitence ; du jour et jeûne de pardon et d'expiation (JOM-KIPOUR).

D. *Quel est le nom que dans notre religion l'on donne à la fête de la nouvelle année.*

R. ROCH-HACHONA, ou, selon les paroles de l'Ecriture sainte, jour de la réminiscence, JOMHASICORON.

D, *Combien de temps dure-t-elle et à quelle époque de l'année ?*

R. Deux jours : elle a lieu le premier jour du septième mois de notre année appelée religieuse (TISERI), à l'époque de l'automne.

D. *Quelles sont les idées et les croyances qui dans notre religion sont attachées à ces solennités, et que nous apprend à ce sujet le livre de la loi divine?*

R. Le livre de la loi nous dit que ce jour est pour Dieu un jour de mémoire et de reminiscence, et il nous est ordonné d'entendre le retentissement des cors ou trompettes, que nous appelons SCHOFAR. Nous nous représentons à cette époque, Dieu jugeant les hommes selon leurs œuvres et les secrets replis de leurs cœurs. En ce jour nous invoquons avec crainte pour nous-mêmes et pour ceux qui nous sont chers en ce monde, l'arbitre suprême des destinées humaines. Nous nous accordons réciproquement le pardon de nos torts et de nos erreurs ; nous nous embrassons de cœur en nous souhaitant une heureuse inscription dans le livre de la vie (CSIVA-TOVA) ; en nous imposant de nouveaux sacrifices de charité et de bienfaisance.

D. *Et quelle idée doit réveiller en nous en ce jour et pour nous rappeler le son des cors ou (SCHOFAR.)*

R. C'est un appel à la conscience ; une allusion au jugement que selon notre croyance Dieu prononce en ce jour sur toutes les créatures humaines. Les sons du SCHOFAR rémunérateur, doivent être entendus par le pieux israélite dans un profond recueillement, avec effroi et componction, en repassant dans la mémoire, pour en pénétrer sa conscience, les fautes pour lesquelles il a pû mériter la condamnation et le châtiment du juge suprême de nos actions.

D. *Quel nom porte parmi nous les jours qui s'écoulent entre le nouvel an, fixé au premier jour de TISERIE et le jeûne de pardon au dixième de ce mois ?*

R. On les appelle les dix jours de pénitence. Ils doivent être un temps d'examen, de conscience, de mortification, de repentir et de conversion.

D. *Quels sont pour ces jours les devoirs des Ministres de notre religion ?*

R. Des exhortations dans le sens de ces solennités dans l'intérieur de nos familles, pour faire renoncer au mal et revenir au bien, à la vertu et à la religion, et chercher à appaiser la colère divine, selon l'expression de l'un de nos textes, par la prière, la pénitence et la charité.

D. *Que nous apprend le livre de la loi divine sur le jour de jeûne*, JOM-KIPOUR, *de pardon et d'expiation ?*

R. Il nous apprend que ce jour nous devons implorer du Tout-Puissant, le pardon de nos fautes et de nos iniquités. Il nous ordonne pour ce jour un jeûne d'abstinence, qui a été observé avec une rigueur complète par toutes nos générations passées ; il est obligatoire et sacré pour tout Israélite ; et aucun ne doit s'en dispenser, à moins de ne pouvoir le faire sans danger. Dans les anciens temps c'était le seul jour de l'année où le grand Prêtre entrait dans le sanctuaire du saint des saints, pour lui offrir le sacrifice d'expiation des péchés de tout le peuple.

D. *Un Israélite doit-il compter, pour obtenir la rémission de ses fautes, sur l'observance de ce jeûne et la pénitence qu'il impose ?*

R. Non, les sages de notre religion ont dit : celui qui dit je peux pécher et le jour de pardon m'absoudra, celui-là ce jour ne l'absoudra pas.

D. *Que disent-ils aussi au sujet de ce jour sur la différence entre les fautes envers Dieu et son culte et les fautes entre l'homme et son prochain ?*

R. Ils disent que les fautes envers Dieu et son culte peuvent être réparées par le jour de pardon et de pénitence, mais les fautes entre l'homme et son prochain ne peuvent être pardonnées que par la réparation du mal qu'on a causé.

D. *Quel est dans notre religion la division générale établie, outre les diverses sortes de péchés et les commandements de la loi auxquels ils se rapportent?*

R. Ceux d'omission, qui consistent à ne pas faire ce qui nous est commandé; et ceux de violation, qui consistent à faire ce qui nous est défendu. Ces derniers commandements sont les plus importants, et leur violation est la plus coupable.

D. *Comment l'aveu des fautes doit-il être fait en ce jour, et quelles sont celles dont nous nous accusons dans les prières consacrées dans notre religion?*

R. On doit le faire avec l'accent du regret et le sentiment d'un repentir sincère, et en montrant une douleur particulière à la mention des fautes et des péchés dont on se sent le plus coupable. Ces fautes et ces péchés sont mentionnés dans une prière ou supplication qui se dit plusieurs fois dans le cours de cette journée, et qui renferme toutes les fautes que nous pouvons avoir commises contre les lois divines et humaines par les endurcissements et les séductions du cœur; les fautes contre la modération et la modestie, la tempérance et la sobriété; et en blessant la justice, la vertu, la moralité et la bonne foi; la pudeur et la chasteté, et toutes les fautes par lesquelles nous pouvons avoir offensé nos semblables et l'humanité.

D. *Comment un pieux Israélite doit-il passer*

toute cette journée, depuis la veille au soir jusqu'à la fin du jour tombant?

R. En observant rigoureusement le jeûne, soit en restant la journée tout entière dans le temple, selon l'usage, soit dans l'intérieur de sa maison et de sa famille; en méditant sur les devoirs de ce monde, et en se préparant à subir le jugement divin dans l'autre monde, où nous devons toujours être prêts à être appelés; et en faisant des lectures de piété et de morale.

D. *Devons-nous attendre le retour, pour chaque année, du jour de pardon et d'expiation, pour nous livrer aux sentiments de pénitence?*

R. Non, nous devons chercher, chaque jour à nous pénétrer de ce sentiment autant que nous avons lieu de le faire, quoique le jeûne, que nous célébrons une fois par an, y soit particulièrement destiné. Nos sages ont dit : Il faut te convertir un jour avant ta mort; et, comme nous ignorons ce jour, cela veut dire qu'il faut le faire tous les jours.

Ve LEÇON.

De quelques autres fêtes, jeûnes et observances.

D. *Outre les solennités dont je viens de vous parler, et qui sont instituées par le livre de la loi divine, n'y a-t-il pas quelques autres solennités et observances instituées par la tradition?*

R. Oui, plusieurs fêtes et plusieurs jeûnes.

D. *Quelles sont ces fêtes?*

R Celles dites des consécrations ou illuminations, en mémoire du courage, de la foi et de la piété des Machabés; et celle du jour de la fête d'Esther, précédée d'un jeûne, en mémoire du danger et du salut de nos ancêtres, sous le règne d'Assuérus, roi de Perse. L'une de ces époques au milieu, et l'autre à la fin de l'hiver.

D. *Et quels sont les autres jeûnes ?*

R. Les divers jeûnes, en mémoire de la première chute de Jérusalem, et les deux principaux en mémoire de la première prise de Jérusalem, et de la seconde et dernière destruction de son temple, à quelques semaines de distance l'un de l'autre; le premier, dans le 17ᵉ jour de TAMOUS, correspondant aux mois d'été; le second, du mois suivant et du neuvième jour d'AV; un autre se trouve encore au dixième jour du mois de TEVED, correspondant aux mois d'hiver; un autre jeûne, enfin, à lieu le premier des dix jours de pénitence, en commémoration de la mort de Gedalia, homme saint, préposé à la surveillance de la restauration du second temple, et qui fut sacrifié à la méchanceté d'une partie de ceux qu'il voulait rappeler à leurs devoirs.

D. *Comment la solennité du jeûne de l'anniversaire de la dernière destruction du temple est-elle observée ?*

R. On a coutume de réciter, en ce jour, avec des marques de deuil et d'affliction, les lamentations de Jérémie et autres chants de tristesse, consacrés par la tradition à célébrer cet événement funeste; les ministres de notre religion doivent les accompagner d'exhortations conformes à nos devoirs, à nos croyances et à nos espérances actuelles.

D. *Dans quelle dispbsition générale le jeûne doit-il être observé?*

R. Par le souvenir des événements auxquels ils se rapportent, par des aumônes et autres actes d'humanité.

D. *Quelles sont les autres observances auxquelles doit se conformer un Israélite attaché aux commandements de sa religion?*

R. S'abstenir de la chair d'animaux défendus par le livre de la loi; de manger le sang et le suif. Il défend également de faire usage de la chair des animaux permis qui n'auraient pas été tués selon le rite traditionnaire appelé SCHECHITA; et enfin de faire usage d'aliments où le laitage et la viande se trouvent mélangés; et selon l'interprétation donnée par la tradition du commandement de l'Ecriture: Tu ne cuiras pas le chevreau dans le lait de sa mère.

D. *Quel est, d'après nos sages, le but des prescriptions et défenses dont ils sont eux-mêmes les auteurs?*

R. Celui, pour nous servir de leurs propres expressions, de préserver nos ancêtres du danger de transgresser les principes mêmes de la loi divine, et d'entourer ainsi, comme ils le disent, cette loi sacrée d'une haie préservatrice (SIAG-GEDER).

CINQUIÈME PARTIE.

PREMIÈRE LEÇON.

Des diverses circonstances de la vie religieuse. De la naissance et des actes qui doivent la suivre ; de la majorité religieuse ; du mariage et du divorce ; des vœux et du serment.

D. *Vous nous avez fait connaître toute l'histoire et la morale de notre religion, ainsi que tout ce qui est relatif à la célébration des diverses époques de notre année religieuse ; faites-nous connaître maintenant aussi les devoirs que notre religion impose à tout vrai Israélite, dans les circonstances les plus importantes de sa vie religieuse, et quel est le premier devoir des parents Israélites, à la naissance d'un enfant de l'un ou de l'autre sexe ?*

R. Pour une fille, de déclarer l'intention de l'élever dans la religion juive, et de faire connaître le nom particulier que les parents sont dans l'intention de lui donner (1).

Pour un fils, de le présenter au temple le huitième jour après sa naissance, pour le soumettre à l'acte appelé de l'alliance éternelle (BERIT-OLAM) et aux cérémonies de consécration qui l'accompagnent.

D. *A quel âge est, dans notre religion, la majorité religieuse des jeunes Israélites de l'un et de l'autre sexe ?*

R. Pour les jeunes hommes, elle est établie à treize ans révolus ; pour les jeunes filles, l'usage l'a fixé à douze.

D. *Comment la majorité religieuse est-elle célébrée par les jeunes hommes israélites, et dans quel esprit doivent-ils l'envisager ?*

R. L'époque de la majorité religieuse BAR MITZVA est le moment où le jeune Israélite doit lui-même répondre de ses actions et de sa conduite envers Dieu, son prochain et la Société, et où son père cesse d'en être responsable pour lui; c'est aussi le moment où il contracte l'obligation de se conformer, comme les autres Israélites, aux solennités, aux pratiques et à l'observance du culte; et enfin, le moment où il peut faire partie des assemblées et réunions religieuses. L'usage est de faire lire aux jeunes Israélites parvenus à leur majorité, le premier samedi qui la suit, à haute voix, dans le temple, le passage de la Bible de la semaine, en tout ou en partie. Les jeunes Israélites doivent considérer l'époque de leur majorité religieuse, non pas comme un moment de plaisir, de distraction et de réjouissance, mais comme un moment qui doit être, pour eux, celui du recueillement et des plus sérieuses réflexions; un moment où il doivent songer au devoir sacré dont ils vont contracter l'obligation, et prendre la ferme résolution de les remplir toujours d'une manière conforme à toutes les lois divines et humaines. Avant de celébrer leur majorité religieuse, ils doivent être examinés sur les principes et les devoirs de notre religion, soit devant leur parents, leurs maîtres et les ministres de la religion.

D. *En quoi consiste, pour les jeunes filles Israélites, l'époque de la majorité religieuse?*

R. C'est aussi le moment où elles doivent être interrogées sur la connaissance qu'elles doivent déjà avoir des devoirs de morale et de vertu envers leurs parents, la famille et la Société, et qui leur sont imposés par leur religion. Cette solennité, pour les jeunes filles Israélites, ne se fait pas dans le temple, mais dans l'intérieur de la famille et en présence des amis et des maîtres choisis par les parents.

D. *Après la majorité religieuse, le premier instant solennel et sacré qui peut se présenter dans la vie humaine, c'est l'instant du mariage. Comment le mariage, qui unit les époux, doit être religieusement considéré?*

R. Le mariage est une institution divine instituée par Dieu, pour unir, par les liens de l'amour, de la foi et de la fidélité, un seul homme à une seule femme, et pour assurer l'existence, le bien-être et l'éducation religieuse, morale et sociale des enfants qui naîtront d'eux.

D. *Dans quelle forme le mariage doit-il être contracté?*

R. D'abord, selon les lois civiles du pays, et ensuite, près des ministres de notre religion, qui donnent aux époux la bénédiction du Ciel.

D. *La polygamie, le mariage avec plusieurs femmes, était-il autrefois permis dans notre religion; et depuis quand est-elle défendue?*

R. Elle était tolérée à l'époque et dans

les contrées de la première révélation de la morale divine. Par les effets de cette morale, elle a disparu, et a été proscrite dans notre nation et dans les autres nations morales et civilisées du Monde. Dans les temps modernes, un synode, convoqué solennellement, l'a défendue d'une manière irrévocable.

D. Le mariage peut-il être dissout?

R. Dans le livre de la loi, Dieu a donné à l'homme le droit de répudier la femme coupable, convaincue d'avoir violé les devoirs sacrés du mariage. Nos sages, de la tradition, ont accompagné ce droit de grandes précautions, de nombreuses difficultés; ils y voyent une affreuse et déplorable nécessité; l'autel pleure et gémit, disent-ils, quand l'homme se sépare de la compagne de sa jeunesse. Dans les pays où la loi civile permet la dissolution du mariage, l'Israélite peut user de cette permission, dans des cas extraordinaires, selon les formalités prescrites par sa croyance et par la loi du pays. Dans les pays où la dissolution du mariage est défendue par la loi de l'Etat, l'Israélite doit renoncer, sans regret, à un acte funeste aux yeux de sa religion.

D. Comment, et dans quel esprit est célébrée parmi nous la solennité du mariage?

R. Par une bénédiction religieuse et une exhortation morale du ministre de la religion. Les jeunes époux doivent, avant ce moment solennel, repasser dans leur mémoire et leur conscience les actions de toute leur vie passée, se repentir de leurs fautes, prendre devant Dieu la ferme résolution de remplir religieusement les devoirs sacrés qui vont leur être imposés. Dans cette intention, la tradition a consacré l'usage de faire dire, aux jeunes époux, la principale prière du jour de jeûne et de pardon (QUIPOUR), avec l'expression des sentiments inspirés par ce jour consacré à la pénitence.

D. *Quels sont les devoirs communs des deux époux?*

R. D'observer inviolablement la fidélité qu'ils se sont jurée; de pourvoir, d'un commun accord, au bien et à l'avantage de leur famille; de vivre affectueusement ensemble en paix et en harmonie, et de sanctifier leur union par des actions de foi et de piété.

D. *Quels sont les devoirs en particulier du mari?*

R. Chef de la famille, il doit la protéger, pourvoir à son entretient et témoigner à sa femme toutes sortes d'égards et de bienveillance.

D. *Quels sont particulièrement les devoirs qui regardent la femme?*

R. Elle doit honorer son mari, lui être entièrement soumise, dévouée, fidèle, et soigner attentivement les devoirs intérieurs de la maison et de la famille.

D. *Et quels sont les devoirs des pères et mères de famille ?*

R. De prendre soin de leurs enfants et de les instruire des devoirs et des préceptes de notre religion, de les corriger de leurs défauts, et de développer dans leurs cœurs le germe de toutes les vertus.

D. *Quels moyens doivent-ils employer pour y parvenir ?*

R. L'autorité sacrée qu'ils tiennent de Dieu ; le bon exemple qu'ils doivent donner, l'encouragement et la sévérité, et en mettant à profit autant qu'il est en leur pouvoir les institutions créées pour le bien de la jeunesse.

D. *Quels sont les devoirs des enfants ?*

R. D'honorer leurs parents, d'être pénétrés de reconnaissance pour leurs bontés, pour leurs soins, et de leur obéir fidèlement ; de les assister toutes les fois qu'ils en ont besoin, devoir sacré dont ils ne doivent jamais se croire affranchis tant que Dieu leur conserve leurs parents. Enfin, ils doivent se ressouvenir toujours et à tous les instants de leur vie, du précepte des dix commandements : Honore ton père et ta mère, et des malédictions renfermées aussi dans l'Écriture sainte contre les enfants coupables qui insulteraient ou maltraiteraient leurs parents.

D. *Parmi les actes importants de la vie, nous devons compter les vœux que nous formons par les promesses à Dieu; le serment que nous prêtons en invoquant son nom. Quelle règle devons-nous suivre dans l'un et l'autre de ces actes?*

R. De ne faire vœu que d'actes conformes à sa volonté et approuvés par sa loi.

D. *Qu'est-ce que le serment?*

R. C'est l'acte par lequel nous promettons, au nom de Dieu, en l'invoquant et en le prenant à témoin, de déclarer la vérité telle qu'elle nous est connue, et de nous acquitter en conscience des devoirs dont nous nous sommes chargés. Dans quelques circonstances particulières, en nous engageant ainsi au nom de Dieu, nous nous dévouons au châtiment de sa justice, si nous n'exécutons pas l'engagement que nous venons de prendre.

IIe LEÇON.

De la mort et des cérémonies funèbres.

D. *Vous venez de nous faire connaître tous les devoirs que doit remplir tout vrai Israélite dans les diverses circonstances de la vie. Dites moi aussi, maintenant, comment nous devons nous préparer à l'instant qui la termine, cela veut dire à la mort? D'après les principes que vous nous avez fait connaître de notre religion, comment devons-nous envisager le moment où nous quittons ce monde, et quel sont les devoirs que nous avons à remplir envers ceux auxquels nous survivons ?*

R. C'est au moment où notre âme immortelle se sépare de son corps matériel et destructible, que nous devons nous préparer aux approches de la mort, lorsqu'elle ne nous arrive pas subitement, et à rendre compte à Dieu de nos actions et de notre conduite dans ce monde, et supporter, avec résignation les souffrances qui peuvent précéder pour nous ce moment. Les mourants doivent l'aveu de leurs fautes, l'expression de leur repentir et la réparation qui est encore à leur pouvoir. Nos sages de la tradition recommandent, pour le moment de la mort, la prière du jour de pardon ou (KIPOUR) ; ils recommandent aussi, dans ce moment, une prière particulière, dite des agonisants, et dans laquelle il est dit : « Fixe mon partage comme dans » le jardin d'Eden ; laisse-moi atteindre au » bonheur du monde futur, réservé pour » les justes ; enseigne-moi les sentiers de la » vie abondante en vraies jouissances, et » qui permettent de contempler ta douceur » et ta force en toute éternité ! Sois béni » Eternel qui exauces les prières ! »

D. *Quand on est menacé, dans notre religion, de perdre les personnes qui nous sont le plus attachées en ce monde, comment les familles doivent-elles chercher à obtenir du Ciel la grâce de les conserver encore ?*

R. Par des prières et des actes de piété,

et en faisant des aumônes, aussi abondantes que leurs moyens leur permettent, aux pauvres de toutes les religions, qui ont plus de droits à leur intérêt et à leur compassion.

D. *Quels sont en général les devoirs que, dans notre religion, on doit rendre à la mémoire des morts ?*

R. Accompagner leur dépouille mortelle jusqu'au lieu de la sépulture, et apporter des consolations dans leurs familles, dans les premiers jours qui suivent la mort de leurs proches parents.

D. *Et quels sont les devoirs prescrits par nos usages religieux, à la mort de nos proches parents ?*

R. L'usage religieux a consacré, pour les enfants, comme marque de tristesse et de deuil, à l'instant qu'ils apprennent la nouvelle de la mort de leurs pères ou de leurs mères, de déchirer le coin du vêtement qu'ils portent dans ce moment, image, dit un de nos prophètes, de la douleur qui doit déchirer leurs cœurs, et dans laquelle tristesse les enfants, les frères et les sœurs, doivent rester assis à terre pendant les sept jours non fériés qui suivent le jour de la perte qu'ils ont faite. Les fils doivent, de plus, réciter, pendant un an, certaines prières à haute voix, dans les temples ou réunions religieuses. Pendant toute leur vie, ils doivent, par un jeûne entier, célébrer l'anniversaire de la mort de leurs pères ou de leurs mères; et quand ils se trouvent aux lieux où ont été déposés leurs restes mortels, faire des prières sur leurs tombes pour le repos de leurs âmes ; se recommander à leur intercession près de la justice divine. Des prières particulières ont été consacrées, par nos sages de la tradition, pour ces usages pieux et sacrés.

SIXIÈME PARTIE.

PREMIÈRE LEÇON.

De nos devoirs envers nos semblables en général, envers la Société civile et envers la Patrie.

D. *Je voudrais maintenant que vous me disiez encore quelque chose des devoirs que nous prescrit notre religion envers nos semblables. Sous quel nom en général comprend-t-on le bien que nous cherchons à faire à notre prochain ?*

R. Sous le nom de charité et d'amour pour les hommes; c'est un sentiment de bienveillance et d'affection qui consiste à souhaiter du bien à nos semblables, à leur rendre service, à nous réjouir de leur bonheur et à compatir à leurs peines.

D. *A qui devons-nous la témoigner plus particulièrement, cette charité ?*

R. Aux membres de notre famille, à nos bienfaiteurs, à nos amis, aux malheureux que nous connaissons, à ceux auxquels nous avons le plus lieu de nous intéresser.

D. *Comment devons-nous nous acquitter des devoirs que nous avons à remplir envers eux ?*

R. En les secourant de préférence dans toutes les adversités.

D. *Que devons-nous à nos bienfaiteurs ?*

R. La reconnaissance qui consiste à nous attacher à eux et à leur rendre la pareille, selon que nous le pouvons, soit à eux, soit à leurs descendants.

D. *Que devons-nous à nos amis ?*

R. La fidélité, qui consiste à nous montrer dignes de leur estime et de leur confiance et à leur donner, en toute occasion, des preuves de la nôtre.

D. *Quelles sont, en conséquence, les dispositions que le cœur d'un vrai Israélite ne doit jamais connaître ?*

R. L'ingratitude, la froideur et l'égoisme.

D. *De quelle manière devons-nous venir au secours des personnes qui ont besoin de notre assistance ?*

R. D'abord en leur procurant le travail et en leur donnant de bons conseils pour les aider à se tirer de peine par leur propre moyen.

D. *Et s'ils sont hors d'état de le faire, que nous reste-t-il à faire pour eux ?*

R. C'est alors qu'il faut leur distribuer des aumônes et leur donner des consolations, afin de relever leur courage et leur confiance en Dieu.

D. *Et quels sont les torts qu'il faut éviter en faisant ces bonnes actions ?*

R. De donner l'aumône à regret, avec orgueil et ostentation, afin que la charité soit connue ; il faut qu'elle soit faite comme avec mystère (ZEDOKAH BA-CESSESER), disent les sages de nos saintes traditions.

D. *Quels devoirs spéciaux avons-nous à considérer dans la Société civile ?*

R. Ceux envers les autorités et les membres de la Société en général.

D. *Comment devons-nous concourir au maintient de l'ordre dans la Société dont nous faisons partie ?*

R. En donnant l'exemple de la soumission aux lois ; en supportant notre part aux charges publiques, et en défendant notre pays lorsque nous y sommes appelés.

D. *Quels sont, en général, les devoirs d'un vrai Israélite dans les pays où il jouit de la protection des lois et de l'ordre social ?*

R. Dans les pays même où nos co-religionnaires ne sont pas admis aux mêmes avantages et aux mêmes droits que les autres sujets de l'Etat, ils doivent encore se soumettre à ces lois, faire des vœux pour son bonheur et y contribuer lorsqu'ils y sont appelés. Nos prophètes et nos traditions le recommandent également, et l'usage religieux de toutes les parties du Monde nous prescrit, dans nos temples, pour la célébration du sabbat et fêtes, ou jour du repos, une prière publique pour le roi ou chef de l'Etat, pour sa prospérité, ses succès et ceux de sa famille.

D. *Quels sont, pour les Juifs français, en particulier, leur devoirs envers la France leur patrie?*

R. En France, où les lois et les institutions nous ont successivement appelés à une jouissance entièrement égale des mêmes droits que les autres citoyens de l'Etat, et notre culte a la même protection et les mêmes avantages que les autres cultes, nous devons à notre patrie un dévouement sans bornes, ainsi qu'au souverain que la volonté de la nation a appelé au trône, et à son auguste famille après lui; nous devons toujours être prêts à faire, pour la prospérité de notre pays, aux dépens de nos intérêts personnels, tous les sacrifices qu'il nous est possible de faire. Ceux de nos co-religionnaires qui sont appelés au service militaire ou à d'autres emplois publics au service de l'Etat, sont dispensés momentanément des devoirs d'observance et de pratiques religieuses qui ne pourraient pas se concilier avec le devoir de ces services et de ces emplois.

D. *N'a-t-il pas paru, dans ces derniers temps, en France, une assemblée religieuse israélite, qui a proclamé, à la face du Monde, tous les vrais principes de notre religion et tous nos devoirs envers la Société?*

R. Oui, le Sanhedrin, qui n'avait pas

reparu depuis le temps de la durée du second temple. Il fut convoqué, en 1807, par le gouvernement qui était alors à la tête de la France ; ce Sanhedrin fut composé d'hommes recommandables et de docteurs de la loi ou rabbins, parmi les plus distingués et les plus instruits de nos co-religionnaires de la France et d'ailleurs, et pour faire connaître les principes de notre croyance et les devoirs qu'ils nous imposent.

D. *Quels sont les points sur lesquels cette assemblée a manifesté les principes de notre croyance?*

R. Elle a déclaré que notre religion défendait à jamais la polygamie ; qu'elle tolérait le divorce quand il était permis par la loi civile du pays ; que les mariages avec des chrétiens, adorateurs comme nous d'un seul Dieu, créateur du ciel et de la terre, ne pouvaient être regardés comme défendus par notre religion, malgré les difficultés de leur célébration ; que les liens de la fraternité unissent les Juifs avec leurs frères et leurs semblables de toutes les croyances ; que les actes de justice et de charité dont les livres saints nous prescrivent l'accomplissement, sont, envers leurs frères de toutes les religions, des devoirs essentiellement inhérents à leur croyance ; que la France est notre patrie ; que nous devons la servir, la défendre et obéir à toutes ses lois ; qu'un vrai Israélite doit toujours élever ses enfants dans des professions utiles ou à des états honorables; enfin, que le prêt à intéret usuraire, soit à des Israélites, soit à des non Israélites, est un crime également abominable aux yeux de notre religion. Toutes ces décisions ont paru appuyées sur le texte des écritures et des traditions saintes; et elles ont été adoptées par les principales synagogues et communautés israélites des diverses parties du Monde.

Vous venez de me faire connaître, avec une vérité et une exactitude complètes toutes les parties de notre sainte religion, depuis ses premiers principes jusqu'à ses conséquences les plus importantes pour notre bonheur moral et social. En restant toujours fidèle à ces principes et à tous les devoirs qui en résultent, vous vous assurerez un bonheur vrai et durable et mériterez l'estime de vos semblables et de la Société.

FIN.

NOTES.

(1) Cette solennité se faisait, pour les filles israélites, jusqu'ici dans l'intérieur des familles. On désire généralement qu'elle ait lieu, à l'avenir, dans les temples ou réunions religieuses, comme celle pour les jeunes fils, à l'âge de huit jours.

(2) Pour un fils, de le présenter au temple, le huitième jour après sa naissance, pour le soumettre à l'acte de la circoncision, appelé aussi l'acte de l'alliance, et aux cérémonies de consécration qui l'accompagnent.

HISTOIRES MORALES

TIRÉES

DE LA BIBLE ET DE LA TRADITION,

ET TRADUITES DE L'ALLEMAND

D'UN ALMANACH ISRAÉLITE DE BERLIN (1).

LES SEPT OEUVRES DE MISÉRICORDE,

Histoire d'après la Bible.

—

1. *Rassasier les affamés.*

Ruth, une Moabite, avait épousé un homme du pays d'Israël, qui, à cause d'une famine, avait quitté

---

(1) Ces Histoires morales, tirées de la Bible et de la tradition, sont traduites d'un almanach allemand, publié pour la jeunesse israélite à Berlin, il y a trente ans, par un savant et estimable israélite de cette ville, M. le Docteur Heyneman. Ce livre, gage et souvenir d'honorables amitiés, est resté presque miraculeusement entre mes mains, comme un monument unique d'une époque qui fut pour moi celle d'espérances, appréciées de mes amis et évanouies devant d'affreuses réalités : destiné comme il l'était à m'être utile dans un travail qui doit être utile à une cause intéressante pour l'humanité. Cet almanach israéliste allemand fut dédié par un hommage d'estime, juste alors, et qui le serait plus encore aujourd'hui, au vertueux M. Rotchild aîné de Francfort, un des derniers ornements de ces pieuses générations israélites et dont les saintes et humbles vertus sont le juste objet du respect et de l'admiration de générations nouvelles dignes d'une époque de justice et de progrès.

Ces Histoires morales contribueront, je l'espère, à donner à ce livre, pour les diverses classes de lecteurs, l'intérêt et l'utilité, pour toutes également désirées et attendues par le vif sentiment d'un besoin général et qu'il importait enfin d'apprécier et de satisfaire.

Bethléem, pour s'établir dans le pays de Moab ; mais après que, jeune encore, elle eut perdu son mari, elle abandonna ce pays de ses ancêtres, et, par attachement et fidélité aux préceptes et à la loi d'un Dieu unique, et par vive amitié pour sa belle-mère Noémi, elle retourna à Bethléem, que le Seigneur avait repris dans sa grâce et sa bénédiction par des moissons riches et nouvelles.

C'était vers le temps de la récolte des orges, et Ruth, la moabite, dit à Noémi : laisse-moi aller vers un champ où je puisse cueillir des orges et te les apporter; et elle alla recueillir des orges dans le champ de Boos, homme pieux et bienfaisant.

Lorsque le maître de ce champ aperçut cette recueilleuse d'épis il remarqua son air doux, humble et modeste, et demanda à l'homme chargé de la surveillance des moissonneurs : Quelle est cette femme ? Et cet homme répondit : C'est la pieuse moabite qui est venue, avec Noémi, du pays de Moab. Et Boos dit à Ruth : Ma fille, ne vas sur aucun autre champ cueillir des épis, mais reste ici, près des filles de ma maison, jusqu'à la fin de la moisson ; suis leurs pas partout où elles moissonnent, et quand tu auras soif, viens ici, vers ces vases, lorsque les jeunes gens de mon service sont à y puiser, je leur ai ordonné de ne te faire aucun chagrin; et quand ce sera le moment du repos, tu t'approcheras et tu mangeras avec mes moissonneurs et tu te désaltéreras avec leur boisson; et il mit devant elle un grand nombre de grains rôtis. Elle en mangea jusqu'à satiété et en laissa un grand nombre sans les toucher.

Et Ruth se prosterna la face à terre et remercia cet homme bienfaisant pour ses paroles affectueuses et ses généreux dons.

Lorsqu'elle se leva pour cueillir après les moissonneurs, Boos dit à ses jeunes serviteurs : Vous laisserez aussi la moabite cueillir entre les gerbes, et vous ne l'humilierez jamais ; en entassant vous laisserez quelque chose de côté pour qu'elle puisse le recueillir ; et quand elle l'aura fait; aucun de vous ne lui dira un seul mot qui puisse lui faire de la peine. Lorsqu'elle eût réuni tout ce qu'elle avait recueilli, elle fut toute surprise et joyeuse de voir que c'était un *épha* d'orge presque tout entier.

2. *Désaltérer ceux qui ont soif.*

Lorsqu'Abraham, ce premier patriarche du peuple d'Israël, qui aimait et craignait le Seigneur, fut parvenu aux jours de la vieillesse, il dit à Eléazar, son fidèle serviteur : Vas vers mon pays natal, vers mon frère Nachor, et ramène, pour mon fils Isaac, une épouse qui soit de ma famille, car je ne veux pas avoir pour brue une de ces filles idolâtres du pays de Canaan. Et Eléazar choisit dix chameaux dans le riche troupeau de son maître et toutes sortes de choses précieuses; il alla vers la Mésopotamie, dans la la ville où demeurait Nachor.

C'était vers le soir, lorsqu'il arriva, et il laissa les chameaux prendre leur repos près d'une fontaine qui était devant la ville; et voilà, selon la coutume de l'Orient, les jeunes filles qui sortent de la ville pour venir puiser de l'eau, et Rebecca, la fille de Bétuelle, qui était un fils de Nachor, approcha aussi de la fontaine en portant une cruche sur ses épaules, et elle descendit vers la fontaine, emplit sa cruche et remonta; et le serviteur d'Abraham dit à cette jeune fille, douce et modeste : Permets-moi de puiser un peu d'eau dans ta cruche : Buvez monseigneur, répondit Bebecca, et elle se hâta de descendre sa cruche à terre et la lui présenta.

Lorsqu'il fut désaltéré elle lui dit : Je veux aussi avoir soin de vos chameaux pour tout ce qui leur est nécessaire; et elle se hâta de verser l'eau de sa cruche dans le réservoir, puis de retourner vers la fontaine et puiser de l'eau pour tous les chameaux.

Et Eléazar se réjouit de tout son cœur de l'affectueuse complaisance de cette jeune fille, la remercia, et lui fit cadeau de deux bracelets d'or.

Et lorsqu'il apprit que Rebecca était la petite-fille de Nachor, il chercha de l'obtenir pour son maître, et elle devint la femme du pieux Isaac, et bientôt vécut avec lui dans une tranquille et douce amitié, et comblés, dans leur union, des faveurs et des bénédictions divines.

3. *Habiller ceux qui sont nus.*

Ahas, roi de Juda, qui était devenu infidèle à la sainte religion que Dieu avait enseignée par Moïse, en entraînant son peuple à l'infâme idolâtrie, fut engagé dans une guerre funeste avec Pekah, roi d'Israël, et perdit plus de cent mille guerriers courageux et exercés, mais qui avaient abandonné, avec un grand endurcissement de cœur, la sainte loi de leurs pieux ancêtres.

Et les Israélites avaient fait un grand butin et l'apportèrent vers Samarie, ainsi que des milliers de prisonniers hommes, femmes, jeunes gens et jeunes filles.

Et il y avait alors à Samarie un prophète du Seigneur, du nom Dobède; il alla au-devant de l'armée qui revenait victorieuse et dit: Parce que les habitants de la Judée, par l'abominable idolâtrie de Baal, se sont attirés la colère du Dieu unique, ils sont tombés entre vos mains, mais vous, vous avez agi envers eux avec haine et injustice, vous n'avez rien épargné.

Et maintenant vous pensez faire des serviteurs et des esclaves des fils et des filles de Juda? Une telle conduite n'est-elle pas criminelle devant le Dieu saint et vrai que vous adorez?

Hé bien! suivez maintenant le conseil que je vais vous donner: rendez les prisonniers que vous avez enlevés à vos frères; l'homme ne doit pas être dur et barbare envers ses semblables, mais il doit toujours montrer une douce miséricorde agréable au Seigneur.

Les hommes nobles et pieux de la tribu d'Efraïm, qui étaient restés à Samarie, approuvèrent ces paroles du prophète. En présence des chefs de l'armée et de tous ceux qui étaient rassemblés, ils abandonnèrent le butin et rendirent la liberté aux prisonniers.

Quelques-uns alors furent chargés de rendre ces derniers à leur pays et à leurs frères. Ils habillèrent alors tous ceux d'entre eux qui étaient dépourvus de vêtements, et leur donnèrent tout ce qui leur était nécessaire. Ils furent rassasiés et désaltérés; tous ceux qui étaient faibles, furent conduits dans leur pays, montés sur des ânes, avec tout le butin qu'on leur avait pris. Ils furent ramenés vers leurs frères, à Jérico, la ville des palmiers.

Les hommes d'Israël qui les avaient conduits revinrent vers Samarie, et eurent une grande joie d'avoir suivi les conseils du saint prophète.

4. *Exercer l'hospitalité.*

Après qu'Abraham se fût séparé de Loth, le fils de son frère Haran, il habita à Mamré, dans un bois de térébinthes. Un jour, il était assis à l'entrée de sa tente, lorsque le soleil dardait ses rayons avec une grande chaleur, et il aperçut, dans le lointain, trois voyageurs qui s'approchaient de son habitation. Il alla au-devant d'eux, les salua et leur dit : Etrangers, si j'ai trouvé près de vous quelques grâces et quelques faveurs, ne passez pas devant mes tentes sans y entrer; après la chaleur fatiguante du jour, reprenez vos forces par quelques rafraîchissements, à l'ombre de mon habitation, puis vous continuerez votre route.

Et les trois hommes entrèrent dans son habitation. Il fit apporter de l'eau pour leur laver les pieds, et les plaça sous l'ombre rafraîchissant du bois qui étendait au loin ses frêles et sombres feuillages.

Puis, avec un empressement hospitalier, il alla vers son troupeau, chercha une jeune et tendre génisse, la fit apprêter, tandis que Sara, son épouse, préparait un gâteau avec la plus fine farine.

Et Abraham apporta aussi du lait et du beurre tout frais, et posa devant les étrangers la viande apprêtée avec délicatesse, avec une attention affectueuse. Il se tenait debout près d'eux, sous l'arbre, pendant qu'ils prenaient leur repas.

Après que ces hommes se furent rassasiés, rafraîchis et reposés, ils se levèrent pour continuer leur route, et ils remercièrent le pieux hôte qui les avait reçus, de cette réception hospitalière et animée de l'esprit divin. Doués par lui de la vue de l'avenir, ils annoncèrent à leur hôte le bonheur tant désiré par lui, d'une longue et nombreuse postérité.

Fortifiés et reconnaissants, les étrangers quittèrent leur hôte; celui-ci les accompagna d'un chemin considérable, et en les quittant, les suivit de ses vœux et de ses prières à l'Eternel.

5. *Visiter les malades.*

Dans le pays d'Onitz vivait un homme du nom de Job; il était bon, juste et pieux; il avait sept fils et trois filles, et possédait de nombreux troupeaux; de sorte qu'il jouissait d'un grand bonheur.

Mais la main du Seigneur s'appesantit sur lui; il perdit en peu de temps tous ses enfants et ses biens. Job dit avec une pieuse résignation: je suis venu au monde nu, et nu je le quitterai; le Seigneur l'a donné, le Seigneur l'a repris, que le nom du Seigneur soit béni.

Après ces temps, Job fut frappé d'une maladie douloureuse; sa femme lui dit: ta piété ne t'abandonnera-t-elle pas encore ni ta confiance en Dieu? Et il lui répondit: tu parles comme une femme ingrate. Nous avons reçu le bien de Dieu, et nous n'accepterions pas de lui le mal avec résignation.

Lorsque ses douleurs s'augmentèrent encore, son courage s'affaiblit; il murmura contre la Providence; il regardait sa conduite entière comme pure et sans reproche, et ne croyait pas avoir mérité les malheurs qui l'accablaient.

Job avait trois amis, Eliphas, de Thémann; Bildad, de Sua; et Sopha, de Naëma; lorsqu'ils apprirent tous les malheurs qui avaient accablés Job, ils se réunirent pour venir le voir, le plaindre et le consoler.

Lorsque de loin ils levèrent leurs yeux sur lui, ils

ne le reconnurent pas; ils furent très-affligés et répandirent beaucoup de larmes; ils restèrent quelque temps près de lui sans proférer une seule parole, car ils voyaient que sa douleur était trop grande pour pouvoir être apaisée; puis ils essayèrent de lui rendre du courage; de lui parler de la sagesse de Dieu, de sa justice et de sa bonté; lui dirent que nous devons regarder nos souffrances comme les châtiments de nos fautes, comme des épreuves pour notre vertu, qu'elles sont toujours des moyens pour nous rendre meilleurs et souvent pour nous conduire à des jouissances plus vraies et plus durables.

Et Job enfin retrouva dans son âme la résignation et la tranquillité; il reconnut que, par ses paroles, il avait manqué, envers Dieu, de justice et de raison, et que les voies de sa providence sont inconnues à la faible intelligence humaine. Il guérit; le Seigneur lui accorda de nouvelles bénédictions, et il mourut dans un âge très-avancé, comblé de biens et de bonheur.

6. *Consoler les prisonniers.*

Parmi les prisonniers que Salmazar, roi d'Assyrie, avait emmenés du pays d'Israël, il y avait un homme de la tribu de Nephtalie, du nom de Tobie. Cet homme, depuis sa jeunesse, aimait et craignait Dieu, et avait horreur du culte des veaux d'or, que Jéroboam, roi d'Israël, avait fait rétablir; il servait de tout son cœur le Dieu unique et vrai, selon les lois contenues dans les saints livres de Moïse, et offrait si fidèlement les prémices de ses fruits et le dixième de ses biens, tel que cela est commandé dans l'Ecriture, que, tous les trois ans, il se trouvait avoir apporté aux étrangers, aux veuves et aux orphelins, la dixième partie de tous ses revenus et de ses jardins.

Lorsque, avec sa femme et ses enfants, il fut emmené à Ninive, avec tous les autres prisonniers, Dieu lui fit trouver grâce devant Salmanasar; tellement que celui-ci lui permit d'aller et de venir partout librement, et de se livrer à ses affaires sans être inquiété.

Et il visita successivement tous ses compagnons de captivité, partageant avec eux tout ce qu'il avait ; et les consolant avec la parole de Dieu, il les exhorta à lui rester fidèle, et, sur la terre d'exil, de ne pas désespérer de la grâce du Seigneur.

Un jour il arriva dans la ville de Rages, portant sur soi dix livres pesant en argent, dont le roi lui avait fait cadeau ; et comme il vit un homme d'Israël qui était dans une grande pauvreté, il lui donna tout cet argent pour qu'il le conservât jusqu'à ce qu'il puisse le lui rendre.

Encore longtemps après, et lorsque Sanherie, fils de Salmanasar, régnait en Assyrie, Tobie allait voir tous les jours les Israélites captifs, et leur donnait à chacun ce qu'il pouvait de tout ce qui était en sa possession : il nourrissait les affamés, habillait ceux qui étaient sans vêtements, et faisait donner aux dépouilles mortelles de ceux qu'on avait massacrés, les honneurs de la sépulture.

Lorsque le roi en fut instruit, il ordonna de le mettre à mort, et il fut dépouillé de tous ses biens.

Tobie prit la fuite avec sa femme et son fils, et se tint caché, pendant quelque temps, chez un de ses bons amis. Mais après quarante-cinq jours écoulés, Sanherie fut égorgé par ceux qui étaient autour de lui.

Tobie revint, tous ses biens lui furent rendus, et il continua de marcher dans les saintes voies de la piété, et fut toujours, pour les malheureux et pour tous ceux qui souffraient, un appui, un ami et un consolateur (1).

7. *Prendre la défense des malheureux.*

Condorlamer, roi d'Elam, qui voulait mettre à son joug les pays voisins du sien, faisait la guerre au roi

(1) L'histoire de Tobie ne fait pas partie de nos livres saints ; nous la tenons cependant pour vraie ; et le nom de Tobie est mentionné parmi ceux des hommes saints dans le livre d'un de nos prophètes de la Bible.

de Sodome et à ses alliés ; ces derniers furent battus et s'enfuirent dans les montagnes ; les vainqueurs s'emparèrent de tout ce que possédaient les habitants de Sodome et de Gomore, ainsi que de tous les vivres et provisions qu'ils avaient rassemblés et l'emportèrent avec eux ; ils emmenèrent aussi, avec eux, Loth, fils du frère d'Abraham, avec tous ses biens, et qui alors demeurait à Sodome.

Un étranger arriva et raconta à Abraham, le patriarche hébreux, que le roi de Sodome venait d'être défait et Loth emmené captif.

Et Abraham, toujours animé d'un saint zèle pour arracher les malheureux des mains de leurs opresseurs, arma tous ses serviteurs, et, avec ses alliés, Aner, Escol et Mammeré, se mit à poursuivre l'armée de Condorlamer ; il l'atteignit pendant la nuit, et la défit près de Hoba, située à gauche de Damasse.

Il rapporta tout ce qui avait été enlevé, ramena aussi son parent Loth, avec tout ce qui lui appartenait ; ainsi que les femmes et les enfants qui avaient été faits prisonniers.

Lorsqu'Abraham revint du combat, le roi de Sodome alla à sa rencontre, le remercia et le bénit pour le secours qu'il venait d'en recevoir contre ses ennemis, et lui dit : Rends-moi seulement les prisonniers, et que tous les biens restent en ta possession. Mais Abraham dit au roi de Sodome : Je lève ici la main vers le Dieu tout-puissant, créateur du ciel et de la terre, et je fais le serment de ne pas prendre la moindre des choses de ce qui t'appartient ; mais je consens à ce que mes jeunes serviteurs et mes alliés Escol et Mammeré, prennent leur part pour ce qui a été consommé.

Et Abraham se retira dans le bois de térébinthes, qui était près de Mammeré, comblé des bénédictions de ceux qu'il avait délivrés des mains de ses ennemis. Les habitants de Sodome et de Gomore étaient méchants, et se livraient au mal devant le Seigneur. Dieu dit à Abraham, le pieux héros de la vertu : Des cris s'élèvent de toutes parts contre Sodome et Gomore ;

leurs péchés et leurs iniquités sont multipliés et affreux, je veux les juger selon l'infamie de leurs actions, et les condamner pour prix de leur perversité.

Et Abraham s'approcha avec humilité de l'apparition du Juge suprême et dit : Condamneras-tu le juste avec le méchant, peut-être y a-t-il cinquante justes dans cette ville coupable, et n'aimeras-tu pas mieux pardonner à tous les autres habitants à cause des cinquante justes qui peuvent s'y trouver ; tu ne condamneras pas le juste avec le méchant, ce jugement serait indigne du Juge suprême de tout l'Univers.

Et le Seigneur dit : si cinquante justes se trouvent à Sodome et dans les autres villes de la contrée, je pardonnerai pour eux à tous les autres habitants ; et Abraham dit : Un simple mortel osera-t-il bien continuer ses humbles remontrances au sage Créateur du Monde ; peut-être dix justes de moins que ces cinquante justes se trouveront de moins dans ces villes ; pour ces dix justes de moins, ces villes tout entières seront-elles condamnées ?

Je ne les condamnerai pas, répondit le Seigneur, dans sa miséricorde, s'il s'y trouve quarante justes, et Abraham continua et dit : de grâce, ô Seigneur, pardonne encore à mes paroles ; il ne se trouvera peut-être que trente, que vingt ou que dix justes dans ces villes ; pour ces dix justes, ne serait-il pas digne de sa miséricorde d'épargner tous les coupables ?

Et le Seigneur répondit : Je leur pardonnerais à tous s'il se trouvait dix justes seulement. — L'apparition divine s'éloigna, et Abraham retourna à son habitation.

Mais il n'y avait pas dix justes à Sodome et dans les villes de la contrée. Le Seigneur extermina ces villes et les changea en mer salée. C'est la mer Morte, jusqu'à nos jours, monument qui atteste le châtiment du crime et de l'impiété. Loth, qui n'avait pris aucune part aux abominations des habitants de Sodome, fut sauvé par la justice et la grâce du Seigneur (1).

---

(1) Chacune de ces histoires est relative à une des œuvres de miséricorde recommandées par la tradition et mentionnées dans ce livre.

HISTOIRES MORALES TIRÉES DE LA TRADITION.

L'ADIEU.

(Parabole).

Rabbi Jocanon, fils de Sachaï, approchait du moment de sa mort, ses élèves l'entourèrent pour apercevoir encore une fois la face de leur excellent maître. Lorsque Jocanon les aperçut, il se mit à répandre d'abondantes larmes, et ses élèves lui demandèrent : Rabbi, lumière de Jechouron, puissante colonne d'Israël, pourquoi ces pleurs et quelles peuvent être en ce moment ta crainte et ta douleur? Elles sont justes, mes amis, répondit Jocanon ; si je devais être jugé par un roi de la terre, de chair et de sang comme moi, je serais rempli de crainte et d'anxiété, et ce roi ne serait cependant qu'un simple mortel, un pécheur fait de cendre et de poussière, aujourd'hui dans ce monde, demain dans la tombe ; sa colère ne peut durer toujours, ses châtiments ne peuvent être éternels ; la mort à laquelle il me condamnerait ne serait que pour un instant, car il ne pourrait me ravir la vie éternelle ; et, par mes paroles et mes prières, je pourrais l'appaiser.

Et maintenant je vais paraître devant le Roi des rois, devant l'Etre tout-puissant et éternel, dont le saint nom est révéré et béni ; quel effroi me saisit quand je pense à un pareil moment! Rien ne pourra me sauver de sa colère, de ses châtiments, de sa condamnation ; rien ne pourra le tromper ni l'appaiser.

Deux chemins vont être ouverts devant moi : l'un conduit à la félicité suprême ; l'autre à l'abîme et à la perdition. Dans lequel des deux vais-je entrer?

Ainsi parla le pieux et modeste Jocanon, surnommé la lumière de son âge ; et ses élèves lui dirent : O le plus vertueux des hommes! qui de nous ne doit être effrayé, si tu as des craintes pareilles à ton heure suprême et décisive? Que ne pouvons-nous te ressembler toujours... de notre passage de cette vie à la vie éternelle! Oui! le plus modeste, le plus humble des maîtres! avant de nous quitter, donne-nous ta bénédiction, ô notre père! Et, en élevant ses mains, il leur dit : que Dieu vous fortifie dans votre piété, et puissiez-vous toujours le servir et le respecter comme un monarque de la terre. Comment, répondirent les élèves, pas plus qu'un monarque de la terre?

Pas plus, répondit Jocanon; vous montrez du respect et de l'amour au monarque de la terre chaque fois que vous en êtes vu et chaque fois qu'il peut voir et juger votre conduite; à notre Seigneur aussi, au Dieu de l'Univers, vous ne devez montrer de l'amour et du respect que quand vous pouvez être vu et jugé par lui. Mais il vous voit toujours, il vous observe, il vous juge partout, jusque dans les coins les plus secrets; vous devez donc toujours et partout lui montrer de la crainte, de l'amour et du respect.

Ainsi parla Jocanon, le sage et excellent docteur de la loi sainte, et il pencha la tête sur sa couche de douleur, et son esprit et son âme s'envolèrent vers le séjour du Roi des rois.

Et ses élèves se gardèrent de pleurer le sort de leur vertueux maître, qu'ils regardaient comme si digne d'envie; mais, durant tous les jours de leur vie ici bas, ils s'efforcèrent de marcher sur ses traces, dans les voies de la douceur, de la vertu et de la piété.

LE RABBIN JOSUA ET UN EMPEREUR ROMAIN.

(Parabole).

Le rabbin Josua, renommé par sa vertu et son savoir, fut un jour appelé devant un empereur romain, qui lui dit : Josua, on vante beaucoup tes lumières et ta sagesse; tes paroles, dit-on, sont toujours vraies et profondes pour tout ce qui tient aux intérêts des hommes et de ce monde, à ceux de la religion et du monde futur. Hé bien! dis-moi comment puis-je voir et contempler ton Dieu, le Dieu du peuple d'Israël, que tu regardes comme le seul Dieu du ciel et de la terre, dont tu me dis que la force et la puissance s'étendent sur toutes les créatures de ce monde?

Hé bien! lui dit le rabbin Josua, je vais essayer de te le faire contempler face à face et frayer moi-même la route qui doit t'y conduire.

Et il le conduisit, vers midi, au milieu d'un vaste champ, par un beau jour et pendant que le soleil pur et sans nuage dardait ses rayons sur la surface de la terre.

Lève maintenant les yeux, ô mon empereur! regarde là-haut, c'est là où se trouve le chemin qui te conduira devant le Dieu de l'Univers.

Et lorsque l'empereur leva les yeux, ils furent aussitôt frappés et éblouis des brûlants rayons du soleil, et il fut obligé de les abaisser aussitôt vers la terre.

N'y a-t-il pas d'autres chemins qui puissent conduire vers ton Dieu, dit alors l'empereur? mes faibles yeux ne me permettent pas ce chemin et je deviendrais aveugle s'ils étaient encore une fois frappés de ces brûlants rayons.

Hé quoi! dit alors le rabbin Josua, tu veux voir face à face le Dieu dont la voix éclate dans tout l'Univers, et tes regards ne peuvent soutenir l'éclat de ces rayons, point imperceptible de ses vastes créatures! Hé! vraiment, quoique tu sois un puissant empereur, tu n'es et tu ne seras jamais qu'un faible mortel comme nous le sommes tous; tes regards ici-bas ne pourront jamais fixer l'Eternel, qui, déjà, a dit à Moïse, son fidèle serviteur : *L'homme ne peut me voir tant qu'il est vivant en ce monde*. Mais si tu veux cependant bien connaître ce Dieu tout-puissant, tu ne doit pas le chercher loin de toi, mais l'admirer dans le moindre rayon du soleil, dans ces montagnes qui touchent les cieux, dans ces vermiceaux qui rampent dans la poussière, dans l'aigle qui s'élève jusqu'au haut du firmament; le Seigneur est partout et sa majesté remplit l'Univers entier.

Ainsi parla le rabbin Josua, et l'empereur lui dit: Tu viens de m'instruire, ô sage Josua! je ne veux plus chercher orgueilleusement à élever mon regard vers Dieu, et je ne veux plus chercher dans le haut des cieux ce qui est autour de moi sur cette terre.

AUTRES HISTOIRES MORALES ET PARABOLES TIRÉES DE LA TRADITION (1).

Le Roi Munbose sacrifiait, pendant la durée d'une famine, une grande fortune, dont il avait en partie hérité et qu'il avait en partie acquise lui-même, au bien et à l'avantage de son peuple. Sa famille lui en faisait les plus amers reproches : Tes ancêtres, disait-elle, agrandissaient sans cesse, par l'économie, le bien dont ils avaient hérité ; pourquoi, par une prodigalité sans mesure, as-tu détruit si vite tous les fruits de leur assiduité et de leur travail? Le monarque répondit : mes ancêtres ont acquis des trésors terrestres, moi j'en ai acquis d'éternels; leurs biens étaient périssables, les miens dureront toujours; leurs trésors étaient inutiles et comme morts devant eux, les miens portent des fruits délicieux; ils se sont acquis des chambres remplies de trésors, moi des cœurs reconnaissants; ils préparaient des économies pour leurs héritiers, je ne les fais que sur moi-même; l'or était leur récompense dans ce monde, la mienne brillera pour toujours dans l'autre.

Un payen vint un jour auprès du savant docteur de la loi juive, Samaï. Enseigne-moi ta religion, d'une telle manière, lui dit-il, que je puisse la concevoir dans un seul instant. Celui-ci le repoussa avec orgueil et dédain. Le payen alors se présenta devant un autre doc-

---

(1) Ces histoires morales, tirées aussi de la tradition juive, ne sont pas comme les précédentes traduites de l'almanach israélite allemand du docteur Heinemann, de Berlin, mais bien écrites d'après le texte de cette tradition, d'où elles ont aussi été tirées et imitées en Allemagne, par des docteurs de la loi juive des dernières époques et des écrivains distingués d'autres croyances, comme preuves de sagesse et de la morale rabbiniques, que dans plusieurs de mes écrits j'ai fait apprécier en France.

L'époque à laquelle se rattachent ces histoires est celle des premiers et beaux jours de la tradition et des persécutions que la foi juive eut alors à soutenir.

teur : Hillel, si renommé pour sa douceur et sa bonté. Celui-ci lui dit : ce que tu ne voudras pas supporter de la part des autres, il faut bien te garder de vouloir le leur faire. C'est là-dedans, continua-t-il, qu'il faut voir le résumé de toute notre loi ; tout le reste n'est qu'une explication et le développement de cette sentence. Va, dit-il, et pense bien longtemps à ce que je viens de te dire.

Dans les temps de ténébres et d'ignorance, lorsqu'une tyrannie cruelle opprimait encore les consciences, un ordre sévère et affreux défendit l'exercice de leur religion à tous ceux qui étaient attachés à la foi juive, et l'étude même leur en fut sévèrement interdite. Le rabbin Akiba se mit à braver cet ordre avec un noble courage, et tenait publiquement des assemblées religieuses. Un jour que Papus, fils de Jehud, le trouva occupé d'une de ces réunions, et qu'il l'exhortait à ne pas exciter la colère du tyran, le rabbin Akiba lui répondit par la comparaison suivante : Résolu à sacrifier à ses caprices tous les poissons, qui s'agitaient paisiblement dans le sein des ondes, l'homme fit jeter sur leur surface d'innombrables piéges, et des troupes innombrables de ces heureux et paisibles habitants de l'onde en devinrent la victime. Les malheureux poissons s'agitaient avec anxiété dans leur élément et cherchaient en vain un secours qui leur échappait. Un renard qui se promenait tranquillement sur le rivage, vit leur détresse, et tout émerveillé de sa propre sagesse et plein de mépris pour les autres créatures, il disait aux poissons : insensés que vous êtes, vous restez volontairement exposés à ces périls ; venez donc là haut sur le rivage, et vous trouverez partout la paix et le repos. O le plus rusé des animaux ! lui répondirent les poissons, que ton conseil est cependant absurde et insensé ; si, même dans cet élément, destiné par la prévoyance maternelle de la nature à notre séjour et à notre sûreté, il y a pour nous tant d'affreux dangers, comment espérer trouver des secours et de l'aide dans l'élément où il nous est toujours impossible d'exister ? N'en est-il pas de même pour vous, continue le rabbin; la promesse de l'éternel nous assure que sa loi fera le bonheur de toute notre vie : et, cependant, son accomplissement nous expose à de grands dangers; que sera donc notre sort si nous commettons jamais la faute de renier et d'enfreindre la sainte croyance de nos pères !

FIN.

ERRATA.

Page 11, 2e réponse, lisez : *qu'ils sont appelés à en faire.*

Page 12, 2e demande, lisez : *en combien de parties.*

Page 13, ligne 29, après le mot corruption, lisez : *générale.*

Page 73, 3e demande, lisez : *était-elle autrefois permise*, etc.

Dans plusieurs questions le signe d'interrogation a été omis ; dans d'autres il a été placé mal à propos. Toutes ces légères corrections disparaîtront dans la prochaine édition.

Nota. L'avant-propos et les extraits de lettres adressées à l'auteur, nécessaires pour le succès de la première édition, disparaîtront dans la suivante.

TABLE DES SOMMAIRES.

BIBLIOTHEQUE ROYALE

www.ingramcontent.com/pod-product-compliance
Lightning Source LLC
LaVergne TN
LVHW050419160826
845677LV00002BA/433